公关礼仪训练

◎主　编：佟景渝

◎副主编：廉　捷　陈　杰　程　剑

◎参　编：（按音序排列）

陈　杰　廖冬玲　刘颖珊

莫　玲　吴皖菊　吴　昕

张　琼　郑清清

外语教学与研究出版社

FOREIGN LANGUAGE TEACHING AND RESEARCH PRESS

北京 BEIJING

图书在版编目（CIP）数据

公关礼仪训练 / 佟景渝主编. — 北京：外语教学与研究出版社，2015.12（2021.7 重印）
ISBN 978-7-5135-7016-9

Ⅰ. ①公… Ⅱ. ①佟… Ⅲ. ①公共关系学－礼仪－中等专业学校－教材②办公设备－维修－中等专业学校－教材 Ⅳ. ①C912.3

中国版本图书馆 CIP 数据核字（2016）第 009567 号

出 版 人　徐建忠
项目策划　吕志敏
责任编辑　王志艳　王雨舟
封面设计　孙莉明
版式设计　永诚天地
出版发行　外语教学与研究出版社
社　　址　北京市西三环北路 19 号（100089）
网　　址　http://www.fltrp.com
印　　刷　北京虎彩文化传播有限公司
开　　本　787×1092　1/16
印　　张　12
版　　次　2016 年 1 月第 1 版　2021 年 7 月第 4 次印刷
书　　号　ISBN 978-7-5135-7016-9
定　　价　31.00 元

职业教育出版分社：
地　　址：北京市西三环北路 19 号 外研社大厦 职业教育出版分社（100089）
咨询电话：010-88819475
传　　真：010-88819475
网　　址：http://vep.fltrp.com
电子信箱：vep@fltrp.com
购书电话：010-88819928/9929/9930（邮购部）
购书传真：010-88819428（邮购部）

购书咨询：（010）88819926　电子邮箱：club@fltrp.com
外研书店：https://waiyants.tmall.com
凡印刷、装订质量问题，请联系我社印制部
联系电话：（010）61207896　电子邮箱：zhijian@fltrp.com

物料号：270160001

前　言

《公关礼仪训练》可作为中等职业学校文秘专业的专业技能课教材，也可作为中职学段提升学生综合素质的基础课教材。本教材以满足中职学生职业需要为编写原则，注重培养学生基本的公共关系能力、基本礼仪修养和基本习惯，把文化与修养、习惯和能力、传承与发展紧密结合。通过学习本课程，学生可以提升基本公共关系能力、日常礼仪习惯和综合礼仪素养，为职业生涯打下坚实基础。

本教材突出公共关系和礼仪知识的应用性，以任务驱动的教学模式来模拟训练，力求在学生公关礼仪的应用能力与文化素养的提升、传统文化的传承方面探索一条开启学生智慧的途径。

本教材着眼于中职文秘专业学生未来发展和职业特点，把基本公共关系能力、礼仪习惯、文化素养作为培养的重点。在编写体例上，每个任务设置“任务指要”“感知体验”“进入任务”“实操实训”“完成任务”“巩固拓展”“任务评价”七个板块。“任务指要”旨在使学生明确训练方向和目的；“感知体验”使学生通过初步的感性认识了解任务在职场中的作用及应对问题；“进入任务”“实操实训”“完成任务”“巩固拓展”着眼于培养学生的基本能力，让学生在做中学，并在任务训练中达成巩固能力；“任务评价”使学生能够高质量地完成训练的任务目标，并形成举一反三的学习能力。本教材注重以任务带训练，以任务促训练，从而培养合格的应用型人才。因此，本教材把学生的练、学、悟提升到重要位置，力求实现“学生为本”的编写思想。

本教材共分两大模块、六个项目、二十三个任务。模块一是对学生基本公共关系能力的训练和培养，模块二是对学生礼仪的训练和培养。模块一分别从内部、外部公共关系活动两个维度，训练学生的基本公共关系能力。在模块二中，项目一“个人形象礼仪训练”，着重从学生个人的仪容、仪表、仪态三方面着手，侧重学生言谈、举止、待人、接物等方面的规范和习惯养成教育，以提升学生的道德修养、文化素质；项目二“常用社交礼仪训练”，着重以学生社会生活和未来工作中常用的社交活动为背景，以沟通、交流为脉络，注重学生基本交际素养的培养和基础交际能力的提高；项目三“常用商务礼仪训练”，以学生未来工作情境为背景，以接待、洽谈、交际为重点，培养学生尊重他人、诚信的职业素养。

本教材由广东省职教学会语文与文秘教学指导委员会组稿，佟景渝老师担任主编，廉捷、陈杰、程剑担任副主编，职业学校资深专业教师陈杰、廖冬玲、刘颖珊、莫玲、吴皖菊、吴昕、张琼、郑清清（按音序排列）参与编写，莫玲、吴昕老师担任本书模特的礼仪形象指导，广东省旅游职业技术学校梁慧萍、张俊杰、邓达康、林奕敏四位同学作为模特参与拍摄。书中引用了同行们的一些成果和资料，在此一并表示衷心的感谢。

由于时间仓促，编者水平有限，本教材难免存在疏漏和错误之处，恳请老师和同学们在使用中指正。

编者

2014 年 10 月

附：

学时建议表

<table>
<tr><th>模块</th><th>项目</th><th>任务</th><th colspan="2">学时</th></tr>
<tr><td>绪论</td><td></td><td></td><td colspan="2">2</td></tr>
<tr><td rowspan="6">模块一
公共关系训练</td><td rowspan="2">项目一
内部公共关系活动训练</td><td>任务一　协调员工关系</td><td>3</td><td rowspan="2">6</td></tr>
<tr><td>任务二　征集合理化建议</td><td>3</td></tr>
<tr><td rowspan="2">项目二
庆典活动训练</td><td>任务一　策划组织颁奖会</td><td>3</td><td rowspan="2">6</td></tr>
<tr><td>任务二　举办签字仪式</td><td>3</td></tr>
<tr><td rowspan="2">项目三
展览活动训练</td><td>任务一　宣讲企业文化</td><td>3</td><td rowspan="2">6</td></tr>
<tr><td>任务二　举办企业产品展示会</td><td>3</td></tr>
<tr><td rowspan="17">模块二
礼仪训练</td><td rowspan="3">项目一
个人形象礼仪训练</td><td>任务一　仪容礼仪训练</td><td>2</td><td rowspan="3">6</td></tr>
<tr><td>任务二　仪表礼仪训练</td><td>2</td></tr>
<tr><td>任务三　仪态礼仪训练</td><td>2</td></tr>
<tr><td rowspan="8">项目二
常用社交礼仪训练</td><td>任务一　称谓礼仪训练</td><td>2</td><td rowspan="8">16</td></tr>
<tr><td>任务二　介绍礼仪训练</td><td>2</td></tr>
<tr><td>任务三　握手礼仪训练</td><td>2</td></tr>
<tr><td>任务四　名片礼仪训练</td><td>2</td></tr>
<tr><td>任务五　交谈礼仪训练</td><td>2</td></tr>
<tr><td>任务六　馈赠礼仪训练</td><td>2</td></tr>
<tr><td>任务七　通信礼仪训练</td><td>2</td></tr>
<tr><td>任务八　递物与接物礼仪训练</td><td>2</td></tr>
<tr><td rowspan="6">项目三
常用商务礼仪训练</td><td>任务一　办公室日常礼仪训练</td><td>2</td><td rowspan="6">14</td></tr>
<tr><td>任务二　接待和拜访礼仪训练</td><td>2</td></tr>
<tr><td>任务三　会务礼仪训练</td><td>3</td></tr>
<tr><td>任务四　差旅礼仪训练</td><td>2</td></tr>
<tr><td>任务五　宴请礼仪训练</td><td>2</td></tr>
<tr><td>任务六　求职礼仪训练</td><td>3</td></tr>
<tr><td colspan="3">合　计</td><td colspan="2">54学时</td></tr>
</table>

目　录

绪 论

中华民族以“礼仪之邦”著称于世，谦谦君子、温雅淑女成为民族形象的符号。教育，就是要把这符号转化为每个受教育的个体，让文明之花、礼仪之果充盈民族之林。在社会生活中，人与人、人与组织、组织与组织之间存在着千丝万缕的关系，要处理好这些关系，就要具备良好的礼仪仪态、忠信仁义之心。

一、关于公共关系

人，不是孤立的，时代的发展，社会的进步，使人与人、人与社会、社会与社会有着千丝万缕的关系。任何个人、社会组织或团体之间发生的连带关系中总会存在着各方的利益。人们依靠沟通、交流、协作等手段，创造和谐、互惠氛围，对社会活动中各方利益产生调和作用，各方最终获得双赢或多赢。公共关系就是调和人与人、人与组织、组织与组织关系的一门科学。

（一）公共关系的概念

公共关系是一种现代经营管理职能，它是社会组织用传播的手段使自己与相关公众之间形成双向交流，使双方达到相互了解和相互适应的管理活动。

（1）公共关系的本质

公共关系在本质上是一个组织借助传播手段开展的一种管理活动。

（2）公共关系的任务

公共关系的任务是协调一个组织和它的各类公众之间的关系。

（3）公共关系的职能

公共关系的职能是在收集信息的基础上，评估一个组织实施的政策和行为在公众中产生的影响，进而提出公共关系活动的具体目标和计划，通过最后收集反馈信息，对下一步新的行动进行设计。

（4）公共关系的目标

公共关系的目标是为组织树立良好形象，获得内外公众的信任与支持，创造最佳的社会环境。

（5）公共关系的基本精神

公共关系的基本精神是诚实、开发、互惠互利。

（二）公共关系的构成要素

公共关系的构成要素包括社会组织、公众、传播三方面。

1. 社会组织——公共关系的主体

（1）社会组织的定义

社会组织是指执行一定的社会职能，完成特定的社会目标，构成一个独立单位的社会群体。

（2）社会组织的形成条件

社会组织的形成条件包括组织目标、组织成员、组织的物质基础、组织职能。

（3）社会组织的类型

社会组织的类型有经济组织、政治组织、教科文组织、群众组织、社会组织五类。

2. 公众——公共关系的客体

（1）公众的含义

公众指与某个组织发生直接或间接关系的个人、群体和组织，他们对该组织的目标和发展具有实际的或潜在的影响力或制约力。

（2）公众的特征

公众的特征包括群体性、共同性、多元性、多变性、相关性。

（3）公众的分类

公众可做如下分类：

① 内部公众和外部公众；

② 首要公众、次要公众和一般公众；

③ 顺意公众、逆意公众和独立公众；

④ 临时公众、周期公众和稳定公众；

⑤ 受欢迎公众、不受欢迎公众和被追求公众；

⑥ 非公众、潜在公众、知晓公众和行为公众。

3. 传播——公共关系的方法

（1）传播的含义

传播指人与人、人与群体或社会之间信息的传递、交换与分享。

（2）传播的类型

传播的类型包括个体自身传播、人际传播、组织传播、大众传播。

（三）公共关系的内涵

公共关系的内涵如下表所示：

指标	基本属性	目标	原则	职能
内涵	（1）关系性 （2）职能性 （3）学科性	（1）树立形象 （2）凝聚人才 （3）扩大合作 （4）健康发展	（1）尊重事实 （2）互惠互利 （3）持之以恒	（1）收集信息 （2）传播推广 （3）协调关系 （4）咨询建议

二、关于礼仪

（一）礼仪的内涵

孔子曰："不学礼，无以立。"荀子曰："礼者，人道之极也。"两位先哲指出了礼的重要性，即礼是人的立身之本，是做人的规范。"礼"字是会意字，与古代祭祀仪式有关。古时祭祀活动是严格地按照一定的程序、一定的方式进行的，这就形成了"礼仪"。

《周礼·春官·肆师》记载："凡国之大事，治其礼仪，以佐宗伯。"《史记·礼书》："至秦有天下，悉内六国礼仪，采择其善。"由此可见，礼仪是在人际交往中，以一定的、约定俗成的程序方式来表现律己敬人的过程，涉及修养、穿着、交往、沟通、情商等内容。从个人修养的角度来看，礼仪是一个人内在修养和素质的外在表现；从交际的角度来看，礼仪是人际交往中适用的一种艺术、一种交际方式或交际方法，是人际交往中约定俗成的示人以尊重、友好的习惯做法。

在礼仪活动中，礼是道德规范，是内涵，是内容，是本质；仪，是外延，是形式，是现象。二者相辅相成，不可分割。

（二）"礼仪"的特征

礼仪具有以下四个特征：

1. 约定俗成

礼仪是一个地区、一个民族、一个国家的文化习俗的积淀，是人们在生产、生活中逐步形成，并逐步完善的，是为社会各个阶层、团体、集团公认的礼节和仪式。

2. 系统规范

礼仪是经过了一个长期的形成过程，在逐步完善中最终成为一个系统规范的体系。如日常礼仪、工作礼仪、接待礼仪、宴请礼仪、节日礼仪、婚丧礼仪等，都有自己独特的体系和规范。

3. 民族差异

由于地域的不同，民族的不同，文化背景的不同，礼仪还带有各地域民族的特点，这就形成了礼仪表现形式上的差异性。例如：大拇指和食指环成圆圈，其余手指伸展，这种手势在美国表示"赞同""了不起"，但是在巴西则是指责别人行为不端。所以礼仪除了具有一定的固定形式与规范外，还要注意因时因地因对象的不同而"入乡随俗"。

4. 传承扬弃

礼仪规范将人们交际活动中约定俗成的程式固定下来，这种固化程式随着时间的推移沿袭下来，形成了继承性特点。人们对流传下来的礼仪规范汲取精华，去其糟粕，形成新的礼仪规范，如见面礼中从抱拳拱手到握手的发展、婚礼仪式中三叩九拜的消失，等等。

（三）礼仪的原则

礼仪既是塑造形象的重要手段，也是人们生活和社会交往的桥梁和纽带，人们在礼仪活动中应遵守以下原则：

1. 尊重原则

尊重是礼仪的核心原则，人们在社会交往中，要常怀爱人之心，常存敬人之道，不可伤害他人的个人尊严，更不能侮辱对方的人格。

2. 遵守原则

礼仪作为社会生活中约定俗成的习惯，是社会成员共同观念的反应，因此全体成员应自觉遵守。

3. 适度原则

应用礼仪要把握分寸、适可而止，切忌繁文缛节，落入形式主义的套子。

4. 真诚原则

真诚就是在交际过程中做到诚实守信，不虚伪、不做作。交际活动作为人与人之间信息传递、情感交流、思想沟通的过程，如果缺乏真诚则不可能达到目的，更无法保证交际效果。

得体的礼仪修养、良好的公共关系处理能力是我们不可或缺的综合素养的重要组成部分。具备良好的礼仪修养和公共关系处理能力，就能使你的职业生涯拥有灿烂的阳光、和煦的春风，拥有繁花盛开的草原，就能让你踏上成功的阶梯，绽放青春的风采！

模块一 Module 1 公共关系训练

项目一 内部公共关系活动训练

Project 1

项目概述

员工是组织赖以存活的细胞，员工关系是组织内部首要的公共关系。通过培养员工对组织的认同感、归属感，着力构筑一个组织与员工“同呼吸、共命运”的牢不可破的利益共同体，使员工自觉表现出在各自工作岗位上良好的行为，这对提高组织知名度和美誉度起着重要作用。

本项目着重通过协调员工关系、征集合理化意见等任务进行组织内部公共关系活动训练，使学生领悟内部公共关系的重要意义，具备协调员工关系与征集合理化建议的实际操作能力，树立协调观念和整体观念。

训练目标

通过本项目的训练，使学生掌握协调内部公共关系活动的基本工作方法，能以小组为单位，模拟策划员工关系协调活动、设计合理化意见问卷，增强沟通协调与人际交往能力、信息收集与分析能力，具备强烈的团队协作与双向交流意识。

任务一 协调员工关系 Task 1

任务指要

【任务目标】

掌握协调员工关系的基本工作方法。

【任务要点】

本项目主要介绍协调员工关系的重要意义与激励员工的方法等实务知识，旨在增强学生人际关系协调的实操能力。

【任务重点】

掌握策划员工关系协调活动的基本工作程序。

感知体验

美国Oceans Eleven度假村集团的员工关系协调方略

Oceans Eleven 度假村集团在佛罗里达州拥有和经营着 6 家酒店和餐厅。为了提高和保持员工的士气，集团开展了多项内部公关活动：

1. 6 家酒店分别开展了“月度（年度）明星员工”评比。月度明星员工将得到一天的带薪假日，或折合成奖金，另外还有获奖证书，照片将刊登在酒店的内部刊物上。年度明星员工的奖品是一个纪念光盘和 100 美元的现金奖励。

2. 每个季度，员工的薪水袋中都会附上一份酒店内部新闻稿，上面刊登的都是关于公司内部员工的消息和文章，如员工的升职、获奖、业余爱好等。

3. 举办形式多样的讲座和员工保健活动，帮助员工自我提高、自娱自乐。各个酒店自行设计活动有戒烟讲座、个人理财讲座、健美操课、保龄球、排球和垒球锦标赛。员工可以获得免费的全面体检，检查项目包括血压、血糖、视力、心律等。

4. 每年举办一次员工野餐，设餐饮、游戏和奖品等。

5. 集团赞助代表所在社区参加比赛的体育团队。

6. 对于存在健康、家庭、财务和心理问题的员工，集团积极帮助其与知名咨询机构取得联系，提供适当的援助。

7. 集团总裁会以亲笔信的方式，向获得“月度/年度明星员工”的个人、为酒店服务届满周年的员工，以及收到客人表扬信的职工等，表示祝贺。

8. 集团下属的最大一家酒店专门成立了一个名为“第一助手”的部门，负责为集团内部各个酒店、各个部门提供协调和帮助，同时鼓励所在社区的各个组织和机构充分利用酒店的设施开展各种各样的活动。

上述系列的员工关系协调活动激励每位员工在为客人提供服务的时候，不仅仅要能够履行职责，而且要力求完美。客人不断发来的表扬信和正面评价表明集团的服务水平有了显著的提高。

【思考练习】

1. 如何看待协调员工关系的重要意义?

2. 协调员工关系要达成什么目标?

【明确】

1. 哈佛大学的一项调查研究表明：员工满意度每提高3%，顾客满意度就提高5%。通过策划组织员工关系协调活动提高员工满意度，激发其工作积极性，将企业文化内化到员工思想深处。才能达到顾客满意、企业满意的企业最终目的。

2. 员工关系协调活动需达成三个重要目标：建设和传达企业文化；上情下达、下情上传，加强沟通和理解；创造愉悦、和谐的工作环境和良好的员工关系氛围。

进入任务

模拟组织师生关系协调活动

分组策划组织一次师生关系协调活动，活动主题如迎新生联谊活动、“感恩我师”主题班会、演讲比赛、墙报宣传大赛、师生座谈会、班级户外拓展活动、文娱体育比赛等。

【任务分析】

本任务涉及组织员工关系协调活动的知识以及策划组织活动的实操技能。需做到：

1. 自学组织员工关系协调活动的相关知识，了解协调员工关系的要点知识。

2. 掌握策划组织员工活动的工作程序等相关实操技能知识。

3. 通过搜集、研讨各类著名企业员工关系协调活动的典型案例，激发活动主题和项目策划的创意，强化活动组织的实操能力，达成任务实训目的。

4. 需树立整体协调观念，培养策划组织、统筹协调、语言表达、人际沟通交往等综合能力。

【相关知识】

协调员工关系的根本目标是营造和谐的工作环境，激励全体员工的士气，为企业的生存和发展打下良好基础。

一、协调员工关系的主要途径

1. 营造良好的工作环境，满足员工的精神和物质需要

（1）保障员工的福利待遇与工作环境的安全，创设和谐、轻松、宽容、合作的氛围。

（2）通过组织员工培训，强化员工的职业道德、团队观念，提升员工的工作技能、业务水平等。

（3）强化激励机制，充分调动员工的“主人翁”意识。

2. 重视与员工的双向信息沟通

（1）通过开会、公告牌、内部刊物、员工手册、员工信函等途径增强与员工的信息交流，增强员工对企业的信任感。

（2）经常召开员工会议，听取员工的建议，强化员工参与意识，鼓励其参与管理。

（3）组织各类员工活动，密切与员工的情感交流，如定期组织员工生日会、舞会、郊游、文体比赛等各种文娱活动，以联络、协调员工之间的感情和关系。

3. 营造独特的、员工共同认可的企业文化，培养员工荣辱与共的归属感与向心力

（1）设计企业口号、歌曲、徽章及制服等，增强员工心理、精神上的归属感。

（2）积极策划参加社会公益活动，以提高企业知名度和声誉，激发员工自豪感。

（3）举办周年庆典、展览会、成果报告会等活动，展现企业近年来的发展成就，感谢员工的支持和合作，鼓舞士气。

（4）定期邀请员工眷属参观企业或参加联谊活动，向其介绍企业的历史和成就，并强调员工家属在企业发展所起的重要作用以便获取家属今后更多支持与合作。

4. 巧妙处理组织与员工“意见领袖”的关系

（1）重视和信任员工的非正式群体及员工的“意见领袖”（即员工代言人），与之保持有效沟通。

（2）尽可能让“意见领袖”担负一些较重要的职务，将正式信息交流同非正式信息交流有机结合，达到双重控制的目的。

（3）及时把企业的各种情况转告“意见领袖”，听取其意见，争取合作和支持。

二、策划员工关系协调活动的基本程序

1. 确定活动目标

（1）活动目标：传播信息、增进感情、转变态度、引起行为。

（2）目标评价标准：目标需量化、可衡量、可达成。

2. 提炼设计主题（活动口号）

每一项活动，都由一系列围绕着实现总目标而展开的、较小的活动项目组成，但必须有一个主题贯穿整个活动，主导所有项目。一般会提炼一句活动口号，要求亲切生动、清楚明了、便于记忆、富有创意。

3. 确定目标公众（活动对象）

划分出关键的、重要的、一般的公众，明确目标活动公众的个人信息、特点、喜好、忌讳等，以便使人、财、物等资源得到有效的利用。

4. 确定活动项目

以活动目标为导向，针对目标公众特点，围绕活动主题，设计一系列环环相扣的活动项目。

表1-1-1-1　企业员工关系协调活动项目（员工活动类）示例

类别	项目	活动形式	组织实施	特点	目的
节日活动	重大节日	妇女节活动 中秋活动 国庆活动 元旦活动 春节活动	公司统一组织春节、元旦活动，其他活动各部门自行组织或根据公司通知安排	时间固定，根据重大节日开展	营造家园氛围，增加团队凝聚力
业余活动	素质教育类	知识讲座 知识竞赛	各部门自行申请独立开展或联合开展	时间周期短，寓教于乐，便于组织	激发团队激情，提高团队素质
	技能评比类	技能比武 军事会操 专项评比	各部门自行申请独立开展或联合开展	时间周期长	检验业务技能，树立价值导向，激励员工斗志
	娱乐竞技类	体育竞赛 娱乐活动 户外活动	各部门自行申请独立开展或联合开展	参与广泛，娱乐性强，易于开展	促进员工身心健康，增进企业内部交流合作
评优活动	员工评优类	月度优秀员工评比	部门推荐，名额不限，事迹突出	时间周期短，氛围轻松，易于开展	树立优秀标杆，传承企业文化
		年度优秀员工评比	公司统一组织评比		
关怀活动	员工座谈会	新员工座谈会	以部门形式组织，每月一次	时间周期短，氛围轻松，易于开展	体现人文关怀，了解员工意见，促进有效沟通，营造家园氛围
		公司座谈会	公司统一组织，每月一次		
		部门座谈会	部门或班组自行组织，每月一次		
	员工生日会	管理层生日庆祝	公司统一安排祝福问候和贺卡等	氛围轻松，易于开展	促进员工关怀，营造家园氛围
		员工月度生日庆祝	部门自行组织	氛围轻松，易于开展	

表1-1-1-2　企业员工关系协调活动项目（员工福利类）示例

类别	项目	适用范围	组织实施
奖金福利	年终奖金	截至12月31日入职满15天	财务部负责、××部协助
	评优奖金	根据方案确定	人力资源部统一管理
保险福利	社会保险	劳动合同工	人力资源部统一办理
	商业保险	劳务派遣工、劳务合同工	人力资源部统一办理
设施福利	员工食堂	包工作餐员工	后勤部统一管理
	员工宿舍	住宿员工	各项目组自行管理宿舍，公司监督检查
春节福利	春节年饭	年终在职员工	人力资源部统一安排
	春节礼品	发放时在职员工	人力资源部统一安排
	春节补贴	全体员工	财务部负责、人力资源部协助
	开门利市	发放时在职员工	财务部负责、人力资源部协助
劳保用品	岗位劳保	空调、取暖器、手套等	各部门自行申购，共用设施设备公司统一安排
	宿舍劳保	床、被褥、床垫等	宿舍负责人申购

5. 选择传播途径和媒介

通过设计精美的邀请函、活动流程表、节目单、演讲稿（发言稿）、宣传海报、宣传栏、宣传册、组织内部广播站及各类大众传播媒介（如网络、电视、广播、杂志、报纸等），实现传播资源整合，提升活动的价值与效果。

6. 编制活动预算

（1）人员预算：应合理调配人力资源，人尽其才、一职多能。

（2）经费预算：做好劳务、宣传、办公、调研、培训、资料等项目的经费预算，做到价比三家，熟悉市场行情；预算考虑周详，留有余地。

（3）时间预算：用表格列明、规定各个时期的工作内容、负责人与经办人等。

三、活动策划方案要素

活动策划方案要具备以下一些要素：

（1）封面。

（2）活动背景概述：叙述企业现状，指出存在的问题、差距及主要成因。

（3）目录。

（4）宗旨：注明活动的重要性、意义、目标、操作实施的可行性等。

（5）内容：活动项目名称、项目负责人、实施者及各自职责，项目筹备、实施程序和时间表、目标公众（活动对象）、成果考核等。

（6）预算：分别对各个子目标做出有关人员、经费、时间的预算，然后汇总成为总目标的总体预算。

（7）策划进度表。

（8）相关人员目标责任分配表（人员工作分配表）。

（9）场地布置及后勤、物资准备。

（10）备选方案：列明一旦出现突发事情，采用哪些措施或项目代替原方案。

实操实训

分组策划、组织一次师生关系协调活动。活动主题参见“进入任务”环节，要求：

（1）各组做好任务分工，小组成员在充分自学、采集相关信息、小组研讨的前提下，独立完成各个子项目的任务实训，教师及时指导。

（2）各组召集会议，研讨商定最终活动策划文稿，确定任务成果展示形式（PPT 展示结合宣讲、活动模拟组织、情景演练、海报及其他形式的成果展示等）。

（3）分组展示活动策划成果，其他组认真观察任务展示，依据实训任务操作表及时记录相关评价要点。

（4）各小组对实训任务进行自评、互评。

（5）教师点评、小结。

完成任务

参照下表进行活动策划：

实训任务操作表

任务内容	时间	进度	人员工作	备注
任务1：制订任务计划书、进行人员分工				
任务2：搜集与分析资料				
任务3：小组研讨，拟订方案				
任务4：分别完成任务实施准备工作				
任务5：制作活动开展情况介绍PPT、做成果展示准备等				
任务6：进行场地布置、彩排，做时间预算及后勤准备等				
任务7：各小组项目演示与讲解				

巩固拓展

【巩固训练】

根据小组任务展示得到的信息反馈，完善修改活动策划方案。

【能力拓展】

利用班会课、团组织生活或业余时间，模拟组织所策划的活动。

任务评价

实训任务评价表

评价维度	A	B	C	个人评价	小组评价	教师评价
能力达成	（1）活动目标明确、主题鲜明突出 （2）流程策划符合规范、严密周详 （3）分工明确具体，团队协作密切 （4）任务成果展示形式新颖、具有吸引力 （5）阐述简洁清晰，逻辑性强 （6）策划组织能力、创新应变能力好 （7）动手能力强	（1）活动目标较具体、能突出主题 （2）流程策划基本符合规范 （3）分工较细致，团队沟通较顺畅 （4）任务展示的表述较流畅，具有一定的逻辑性 （5）实操能力较好	（1）基本能完成策划活动的工作流程 （2）有一定的分工合作 （3）任务表述欠流畅，主题欠明晰，逻辑性不强 （4）实操能力待提升			
知识掌握	（1）已掌握活动策划的基础知识，并能恰当运用到实训中 （2）自学能力强 （3）帮助其他同学展开自学，解答疑惑	（1）基本掌握活动策划知识点 （2）借助讨论、咨询同学、查阅材料等手段，基本将知识用于任务实训	（1）在老师或同学的指导下找到活动策划相关知识点 （2）基本了解活动策划工作程序			
学习态度	（1）积极参与所有环节，团队意识强 （2）积极回答问题，善于横向思维，举一反三地提出问题，探索解决问题的方法 （3）主动负责任务分工，能引领小组成员自主学习知识点、参与实际操练	（1）认真投入参与实训重要环节，配合他人完成任务，团队意识较强 （2）主动回答问题，提出问题、解决问题的能力与动手能力待提升 （3）能在组长带领下，独立完成所负责的任务设计和实训	（1）能参与实训过程，较缺乏团队精神 （2）遵守课堂纪律，学习态度较端正 （3）学习主动性不强，自学能力不足，回答问题不积极			

任务二 征集合理化建议

Task 2

任务指要

【任务目标】

掌握征集合理化建议的途径和具体操作方法。

【任务要点】

本项目介绍了征集员工合理化建议的途径、工作程序及设计合理化建议调查问卷的程序等知识，重在培养学生收集合理化建议的实操能力，强化其重视信息采集的公关意识。

【任务重点】

掌握设计合理化建议调查问卷的工作技能。

感知体验

海尔让员工主动做大

当一个企业的战略系统、目标系统、文化系统不能深入员工的内心时，任何的奖惩都会失去作用，现在的员工早已过了那种需要靠奖惩调动积极性的阶段。

海尔一直相信，让员工做大，才能把市场做大。在海尔，多年来，开展合理化建议征集活动是员工参与企业民主管理的一种重要途径。

1. 工会统一管理

在海尔，员工的合理化建议征集活动的开展非常普及，集团工会成立了“员工创新成果经营公司”，专门管理员工的合理化建议征集活动，还利用信息化手段进行合理化建议网上申报、网上确认，让员工提合理化建议更加便捷、问题解决更加迅速，员工参与率达100%，并且实施提案书制度，在一张提案书上实现了建议提出、建议落实、建议跟踪、建议闭环。

2. 即时激励

为了激发员工持续创新的积极性，海尔工会改变了以前月底兑现奖金的办法。从2005年开始，集团开始推行“即时激励”。员工的建议被采纳后，奖金必须即时发放到位。每天，

被采纳的合理化建议都会在信息网上发布，取得的优秀成果也在信息网上及时推广。内刊《海尔人》也会随时刊登员工合理化建议“即时激励获奖情况”。

一位员工说：“以前的奖金到月底随工资发放，也觉不出什么，而现在，当天激励让我很有成就感！现在，发现问题没解决，就像没吃饭一样。遇到一个问题，就解决一个，这样想想，创新并不难。”

3. 合理化建议成果推广

由合理化建议产生的创新成果，到底如何被集团各部门共享呢？海尔内部网开设了“创新推进平台”，每个事业部的最新创新信息均在上面有详细的操作资料，还有已经使用过的部门的推荐意见。

为避免个别部门对自己的创新保密，各事业部的创新纳入集团考核项目，即各事业部推广一个创新，按类别可以得到相应的积分。

如果有的部门应该借鉴和推广别人的创新，但他们没有做，怎么办？集团也有考核，可以借鉴的部门没有借鉴，则有“负债积分”。积分与每个事业部的创新推进人员报酬直接挂钩。

4. 合理化建议明星的成长

为了鼓励员工踊跃提出合理化建议，集团每年还推出各种评选，并参加社会上一些重要评选。2005 年度海尔集团十大合理化建议明星李长业，带领青年骨干组成了“智慧星”QC（Quality Control）小组开展了质量控制攻关活动。活动期间，共有八项成果获得了公司的小发明命名及 SBU（Strategic Business Unit）表彰。活动结束，公司的钣金生产能力提高了 25%，达到世界先进水平，效果显著。2005、2006 年，李长业就获得公司颁发的集团员工创新成果一等奖三次、二等奖四次、三等奖四次，成为集团内创新最多的班组长，被集团内刊《海尔人》进行了重点报道，也因此被中国质量协会、中国科学技术协会等组织联合授予了“2005 年全国优秀质量管理小组”的称号。

【思考练习】

通过海尔的案例，你如何看待征集合理化建议？

【明确】

组织开展合理化建议征集活动是内部公共关系活动的重要内容，通过该活动可了解员工的需求，激发其工作责任感和主动性。该活动也是员工参与企业管理、发挥聪明才智的重要途径，更是企业推进精细化管理，提升管理水平的有效手段。现代组织均着力营造合理化建议制度得到充分施行的文化氛围，培育员工愿意成为组织智力资源的一部分，大力鼓励员工寻找、共享和创造知识，达成员工和企业共同发展的双赢局面。

进入任务

设计合理化建议调查问卷

分组自定主题，针对组织内部某一问题设计出合理化建议调查问卷，主题如专业教学效果、学校或社团活动、学校食堂服务、宿舍管理、班级管理、实训实习管理等。

【任务分析】

本任务涉及合理化建议调查相关知识和实操技能。必须做到：

1. 自学合理化意见收集及调查问卷设计等相关知识。
2. 通过网络搜索、阅览图书资料等途径收集相关信息，完成任务实训。
3. 实训中注重培养人际沟通、信息采集与分析、组织协调等综合能力。

【相关知识】

一、收集员工合理化建议的基本途径

收集员工合理化建议的基本途径很多，如员工座谈会、员工意见箱或邮箱、员工投诉、问卷调查、离职面谈（通过离职面谈了解员工离职原因、不满意原因、合理化建议）等。

二、合理化建议处理的操作流程

员工合理化建议处理的操作流程包括提交与征集、汇总与评审、处理与回复、实施与跟踪、奖励与归档五个环节。

（一）提交与征集

（1）员工可通过署名、匿名、联名三种方式提交合理化建议。

（2）各部门下发空白合理化建议表单，员工填写后递交给合理化建议专员。

（3）设立合理化建议专用邮箱，员工可提交电子档的建议。

（4）通过合理化建议调查问卷进行意见征集。

（二）汇总与评审

（1）由专人及时汇总合理化建议，交由合理化建议小组成员进行筛选分类，呈报组长审核。

（2）组织对员工合理化建议的评审工作，可采取的措施：相关部门人员签署意见或召开合理化建议评审会讨论评审；综合评价合理化建议的可行性、经济性、安全性和时效性等，做出采纳与否的结论并签字认可。

（三）处理与回复

（1）对于可接纳的建议，由评审会制订实施计划，计划中要考虑实施时间、进度、方法和责任人等因素，然后转交责任人实施；对于不可明确预测实施效果的建议，评审会负责制订相应的试验或试行方案，在小范围内对实施效果加以验证后确定具体实施方案。

（2）将处理意见及时回复提交人，说明原因，表示感谢，鼓励其继续积极参与管理并积极建言。

表1-1-2-1　员工合理化建议处理措施表

分类	审核结果	处理措施
署名、联名	不采纳建议	写明原因、退回建议人、不存档不记录
	采纳建议	受理、回复建议人、编号、登记跟踪、参与所有评奖
匿名	不采纳建议	写明原因存档、不记录
	采纳建议	受理、编号、登记跟踪、不参与评奖（适用事实有效原则）

（四）实施与跟踪

经采纳的合理化建议，应按照确认的实施计划，由相关责任人在规定时间内落实完成，行政管理部门负责对合理化建议实施情况的监督和效果跟踪。

（五）奖励与归档

（1）设立员工合理化建议的参与奖与采纳奖，并张榜向全体员工公布、表扬。

（2）对相关资料进行整理、归档。

三、合理化建议调查问卷设计须知

进行意见征集时，设计合理化建议调查问卷需注意问题编排和提问方式两点。

（一）问题编排

（1）容易回答的问题放在问卷的前面，使调查对象能快速进入角色状态。

（2）敏感性问题（如收入等）放在问卷的中后部，调查对象建立信任后愿意作答。

（3）自由回答的问题（即开放式的问题）放在问卷的最后，调查对象回答率较高。

（4）验证性的问题应分开编排。

（5）“先泛后专”原则，即先提出离调查主题较远的问题，根据对方的回答情况逐步缩小提问的范围，最后将问题引向设定的主题。

（二）提问方式

1. 封闭式问题

（1）是非法：给出两个互相排斥的答案，被调查者选取其中一个即可。

（2）选择法：给出几个可供选择的答案，被调查者选取其中的一个或几个答案即可。

（3）排序法：给出不同的答案，被调查者根据自己的喜好对答案做出排序。

（4）语义差别分析法：按照语义差别（如①很好、②较好、③一般、④较差），请被调查者选择。

2. 开放式问题

（1）自由回答式：如“你认为 × × 还有哪些方面有待改进？”

（2）语句完成式：设计一些不完整的句子，请调查对象续写完整，如“你最看重的是________”。

（3）文字联想式：列出有关某个问题的一组词汇，请调查对象写出他脑海中最先出现或感觉最强烈的几个词或几句话。

3. 半开半闭式问题

问卷中给出部分答案的同时，留有余地让被调查者自由发挥。如“你认为最重要的是××要做到：①清洁 ②量足 ③价格实惠 ④服务热情 ⑤________”。

实操实训

针对组织内部某一问题分组设计合理化建议调查问卷。主题参见“进入任务”环节，要求：

（1）各组自定主题，设计合理化建议调查问卷。

（2）分组研讨商议任务主题，借助头脑风暴法拟定问卷主要内容。

（3）小组成员协同制作合理化调查问卷，准备成果展示（PPT、问卷或意见卡等）。

（4）各小组派成员展示小组此次实训任务成果。

（5）各组对实训任务进行自评、互评。

（6）教师点评、小结。

完成任务

参照下表实施任务：

任务实训操作表

序号	步骤	操作说明	要　求
1	信息采集	（1）自学任务所需的知识点 （2）搜集完成任务所需信息 （3）对信息进行分析、筛选、整理	（1）信息采集目标明确 （2）信息针对性与可借鉴性强
2	拟定任务主题、分工	（1）召开会议研究任务主题 （2）专人负责记录、整理会议内容 （3）明确人员分工职责、任务要求及完成时间	（1）主题明确，有吸引力 （2）互动积极，大胆建议 （3）分工明确，职责具体
3	拟定问卷说明部分	（1）做调查背景说明及调查组织者的自我介绍 （2）表明调查目的与意义，向调查对象保证为其匿名，请求合作 （3）有填表说明指导回答，能解释代码或标号的含义 （4）留下调查者通信联系方式	（1）表述清晰、简洁 （2）开门见山，直入主题 （3）格式符合规范 （4）匿名保证明确

续表

序号	步骤	操作说明	要　求
4	设置问卷问题	（1）设有调查对象的基本信息、现状等背景问题 （2）围绕调查主题，设定各类事实性、认知性问题（如认知渠道、行为动机、满意度、意见和建议、具体评价等） （3）设计、美化问卷版面	（1）语气亲切，问题易答 （2）表述简洁、清晰易懂 （3）避免敏感、尴尬问题 （4）版面设计大方美观
5	编制序号	在问卷的背面或角落编上序号，以便汇总、分类、统计和排序	（1）序号编制准确、细致 （2）防止出现空号

巩固拓展

【巩固训练】

派组员前往其他班级开展问卷调查。

【能力拓展】

1. 撰写合理化建议调查分析报告并选派人员展示任务作品。
2. 小组间或同学间交流实训心得。

任务评价

实训任务评价表

评价维度	A	B	C	个人评价	小组评价	教师评价
能力达成	(1)问卷主题鲜明、定位准确、针对性强 (2)工作流程符合规范 (3)小组分工合理，团队协作密切 (4)问卷设计合理、规范 (5)问卷文字表述简洁、准确、通俗易懂，逻辑性强 (6)学习能力与动手能力强	(1)问卷定位较准确 (2)工作流程基本符合规范 (3)分工较细致，沟通顺畅 (4)文字表达较明晰，有一定的逻辑性 (5)实操能力较好	(1)基本能完成实训工作 (2)分工较具体 (3)表述欠流畅，逻辑性不强 (4)动手能力待提高			
知识掌握	(1)熟练掌握相关知识，并能灵活运用 (2)积极搜集课外相关知识 (3)能帮助其他同学展开自学	(1)基本掌握基础知识点 (2)通过信息搜集、讨论、查阅材料等途径，学习课外知识	(1)在老师或同学的指导下能找到相关知识点 (2)基本了解问卷设计方法			
学习态度	(1)学习兴趣浓厚，学习主动性强 (2)横向思维能力较强，互动积极，勇于提出问题，探究问题解决方法 (3)能带动小组同学认真钻研拓展知识，整合各种信息资源	(1)学习较努力，任务完成效果较好 (2)能主动回答问题，但提出问题、解决问题待加强 (3)能配合组员顺利完成任务实训	学习态度较端正，基本遵守课堂秩序，但自学能力不足，学习主动性不强，不敢大胆回答问题			

项目二 庆典活动训练

Project 2

项目概述

庆典活动属于组织公关传播中的群体传播形式，主要依靠召开颁奖会、周年庆典、签字仪式等形式面对相对集中的相关公众进行的一种临时性传播。这种群体传播隆重、正式、影响大，可充分展示公关文秘人员的社交水平及业务能力。

本项目通过策划组织颁奖会、举办签字仪式等任务进行庆典活动专项训练，使学生具备组织庆典活动的实际操作能力。

训练目标

通过本项目的训练，使学生掌握组织庆典活动的工作流程与规范，能以小组为单位，模拟策划组织颁奖会与举办签字仪式，强化公关群体传播的实际操作和创新应变能力，具备强烈的团队协作意识、公关传播意识与双向沟通意识。

任务一 策划组织颁奖会 Task 1

任务指要

【任务目标】

掌握策划组织颁奖会的基本工作流程。

【任务要点】

本项目主要介绍举办颁奖会的筹备工作、现场组织工作及会后收尾整理工作等专业知识，着力强化学生模拟策划组织颁奖会的实操动手能力。

【任务重点】

基本掌握策划组织颁奖会工作流程。

感知体验

××公司年度表彰大会策划书

一、大会主题：奋力拼搏　攀向卓越

二、大会时间：××××年×月×日 15：00—18：00

三、大会地点：（略）

四、参会人员：××公司全体员工及邀请嘉宾

五、组织机构

总负责人：吴××

总指挥：刘×　副总指挥：黄××

总策划：张××

总设计：黄××

项目组：会务组、宣传组、联络组、后勤组

大会分工安排表

组别	成员	分工
会务组	组长：黄×× 组员：王××、陈××、吴××、叶××	（1）会议组织策划，起草会议议程，起草邀请函； （2）采购物品，定做各类奖品； （3）做财务预算和负责现金支取； （4）制作会议PPT。
宣传组	组长：张×× 组员：林××、伍××、安××、刘××	（1）选择会场； （2）提出会场布置方案，安排布置会场； （3）联系会场音效师； （4）选定、沟通大会主持人； （5）负责娱乐节目策划、排演。
联络组	组长：苏×× 组员：刘××、梁××、雷××、钟××、陈××	（1）负责协调礼仪队接待、颁奖； （2）负责接待代理商领导代表等贵宾； （3）落实参加会议的嘉宾名单。
后勤组	组长：许×× 组员：杨××、周××	（1）安排餐饮； （2）安排座位； （3）负责抽奖活动，提出抽奖草案。

六、获奖人员统计及奖项费用预计

序号	奖项	获奖人数	奖品（预计费用）
1	年度最有价值销售员	8	电脑（约3000元）
2	年度优秀团队奖	2	奖杯（50元）+现金（1000元）
3	最佳服务团队	2	奖杯（50元）
4	年度优秀经理	2	液晶电视（4000元）
5	卓越代理商	3	牌匾（60元）+电脑（3000元）
……	……	……	……
采购奖品预计费用：×××× 元			

七、大会会务组采购物品（费用 ×××× 元）

物品名称		数量	负责人	备注
电脑		11台	×××	
液晶电视		2台	×××	
导航仪		2台	×××	
奖杯		4个	×××	
牌匾		7个	×××	
礼品	礼品1（600～800元）	1份	×××	
	礼品2（200元）	13份	×××	
	礼品3（100元）	2份	×××	
抽奖奖品	一等奖（200元）	1份	×××	
	二等奖（100元）	2份	×××	
	三等奖（50元）	10份	×××	

八、大会流程表

序号	时间	活动环节
1	14：00—14：10	嘉宾入场
2	14：11—14：15	开场舞
3	14：15—14：20	总裁致大会开幕词
4	14：20—14：23	情景剧
5	14：23—14：43	颁发奖项
6	14：43—14：48	节目表演
……	……	……
19	16：50—17：05	王总献唱
20	17：05—17：10	大会总结
21	17：10—17：15	主持人结束语

【思考练习】

如何有效策划组织颁奖会？

【明确】

颁奖会的策划安排一般应遵循公关文秘工作的“四步工作法”，即“收集信息—拟定计划—组织实施—检查评价”四个工作环节。成功举办颁奖会的关键在于计划细致周详、事前准备充分、现场监控到位、气氛调控热烈、各项程序规范有序开展、各个相关部门协调配合及时有效、费用控制恰当等。

进入任务

模拟组织颁奖会

分组自定主题，策划组织一次颁奖会，活动主题如征文比赛、书画比赛、歌唱比赛等赛事颁奖。

【任务分析】

本任务涉及组织颁奖会的相关知识和实操技能。完成任务必须做到：

（1）自学组织颁奖会工作程序等相关知识。

（2）通过网络搜索、查阅图书资料等途径收集相关信息，完成任务实训。

（3）实训中注重培养团队协作精神及组织策划、人际沟通与协调等综合能力。

【相关知识】

一、颁奖会前期准备

颁奖会前期准备主要有 9 个环节。

（1）设计获奖通知与邀请卡（含回执）。

（2）拟订颁奖会活动细则或流程表。常用流程如下：

① 播放进场歌曲及企业宣传短片；

② 主持人宣布颁奖会开始；

③ 领导致辞；

④ 表彰颁奖、集体拍照留影；

⑤ 文艺表演；

⑥ 做大会总结（领导发言）。

（3）邀请嘉宾并确认可出席名单与人数。

（4）确定颁奖会场地布置方案。

① 场地布置：放置宣传板、花草植物，粘贴宣传海报、悬挂宣传条幅，悬挂彩球彩旗或彩带等；

② 音响、照明设备的搬运、摆放、安全检查及效果调试；

③ 嘉宾席布置：桌椅摆设、纯净水摆设、宣传资料及礼品摆放；

④ 签到席布置：入场接待桌椅摆放、礼仪人员安排。

（5）选定、订制奖杯、奖状及奖品等。

（6）颁奖词拟稿与审稿。

（7）制订交通、住宿、餐饮等后勤事务保障计划。

（8）选定、培训嘉宾接待人员、礼仪小姐和一般工作人员，进行细致合理分工，进行会前彩排等。

（9）做颁奖会费用预算。

表1-2-1-1　颁奖会各部门任务分配表示例

工作内容	负责部门
礼堂布置	行政部、信息部
礼堂秩序维持	培训部、信息部
礼堂后台技术控制	工程部、信息部
嘉宾迎送工作	培训部、行政部
现场摄影、摄像	信息部

表1-2-1-2　颁奖会工作安排一览表示例

工作事项	具体工作内容	负责人
主持人	……	……
公司宣传资料准备	……	……
音响设备调试工作	……	……
迎宾	……	……
礼仪	……	……
领位	……	……
会场服务	……	……
……	……	……

表1-2-1-3　颁奖会费用开支预算表示例

预购商品	单位：元	预购商品	单位：元
邀请函印刷		舞台布置	
《获奖通知》印刷		公司前台布置	
《活动细则》印刷		奖杯、奖状、奖品和嘉宾纪念品购买	
公司宣传资料印刷		住宿消费	
茶歇食品购买		往返车票报销	
矿泉水购买		活跃气氛饰物购买	

二、颁奖会现场工作实施

（1）会场总调度：负责现场紧急突发情况的处理及与灯光音响等协调工作。

（2）签到、接待调度：负责贵宾引领与接待、一般宾客签到指引等。

（3）节目表演环节总调度：负责节目道具协调，演职人员到位情况、化妆换装等跟踪。

（4）颁奖环节总调度：负责检查颁奖物品准备情况（可在每个奖杯下写上人名，并将之按照颁奖站位图摆放），跟进领奖人员到位与站位、礼仪小姐到位情况。

（5）视频、音响及灯光调度：负责协助并监督视频切换，监督、跟进音响及灯光效果等。

（6）祝酒致辞环节调度：主要负责祝酒台、礼炮、礼仪人员等到位情况。

（7）后勤调度：负责所有后勤事宜，如车辆的调度、茶歇或餐饮安排等。

三、颁奖会结束收尾工作

（1）欢送领导与嘉宾。

（2）关闭灯光音响等，收拾整理各项物品。

（3）检查遗留物品，及时交接给安保人员，按照规范跟进处理。

（4）整理信息资料，做好存档工作。

（5）编发颁奖会通讯稿，要求图文并茂、宣传到位。

实操实训

分组演练颁奖会完整流程，主题参见“进入任务”环节，要求：

（1）分组模拟某颁奖会主办单位，自定主题，策划组织一次颁奖会。

（2）各组分别展示颁奖会筹备过程、嘉宾邀请与现场接待、颁奖会场设计模型或布置图、后勤保障计划、助兴文艺节目策划与组织等。

（3）各组认真观察展示组的任务展示，依据实训任务操作表及时记录相关评价要点。

（4）各小组对此次实训任务进行自评、互评。

（5）教师点评、小结。

完成任务

参照下表实施任务：

任务实训操作表

序号	步骤	操作说明	要　求
1	设计获奖通知与邀请卡	（1）制作获奖通知 （2）设计制作邀请卡（含回执）	（1）突出企业特色和活动主题 （2）设计精美、信息简明
2	拟订颁奖会活动细则或流程表	（1）播放进场歌曲及企业宣传短片 （2）主持人宣布颁奖会开始 （3）领导致辞 （4）表彰颁奖、集体拍照留影 （5）文艺表演 （6）做大会总结（领导发言）	（1）活动流程符合规范 （2）安排突出主题与重点，达成活动目的 （3）安排有序、紧凑 （4）时间节点准确，机动，留有回旋、应变余地 （5）总时间控制到位
3	邀请嘉宾、确认信息	（1）发放获奖通知及邀请卡 （2）派人员当面呈送贵宾邀请函 （3）提前确认可出席人员信息（名字、职务等），统计到场人数	（1）发出通知和邀请的提前量适中(7~10天) （2）贵宾当面邀请提前预约、有礼到位 （3）确认信息准确、及时
4	确定颁奖会场地布置方案	（1）场地布置 （2）音响、照明设备的搬运、摆放、安全检查及效果调试 （3）嘉宾席布置 （4）签到席布置	（1）会场气氛热烈祥和 （2）设备设施齐全、安全，效果调试到位 （3）嘉宾席布置排序准确、考虑细致周详 （4）签到席布置合理
5	选定、订制颁奖物品等	（1）收集颁奖物品报价等信息 （2）选择颁奖物品并制作预算表 （3）呈报上级审批 （4）定制物品，明确各项要求 （5）检查物品到位情况	（1）信息收集及时全面 （2）预算客观、明晰、具体 （3）呈报请示及时、到位 （4）定制及时、准确 （5）检查细致、客观
6	颁奖词拟稿与审稿	（1）拟写主持词及领导致辞稿 （2）呈报领导审批 （3）文稿修改完善 （4）定稿、打印、呈交领导	（1）文稿主题突出 （2）文字流畅简洁 （3）行文符合企业的特点、领导的发言风格及活动气氛要求
7	制订后勤保障计划	（1）制订交通、住宿、餐饮等后勤事务安排计划 （2）开会讨论审定、完善计划	（1）安排细致、有序 （2）各个环节衔接恰当紧密 （3）协调沟通顺畅 （4）计划安全、服务周到

续表

序号	步骤	操作说明	要　求
8	人员分工、培训及彩排	（1）选定嘉宾接待人员、礼仪小姐和一般工作人员 （2）分小组进行针对性培训 （3）进行小组间筹备工作协调 （4）颁奖会总流程演练、彩排	（1）人员分工安排合理 （2）培训针对性强，注重实操，效果明显 （3）协调沟通到位 （4）彩排符合流程
9	费用预算	（1）列出所需物料清单 （2）收集物品市场价格 （3）列出费用预算表 （4）呈交领导审批、确定	（1）考虑周详，杜绝遗漏 （2）价格合理，对比选定 （3）预算清晰、留有余地 （4）审批符合规定
10	现场调度实施	（1）会场总调度 （2）签到、接待调度 （3）节目表演环节 （4）总颁奖环节调度 （5）视频、音响及灯光总调度 （6）祝酒致辞环节调度 （7）后勤调度	（1）各项任务调度既独立，又注意联动、协作通畅 （2）调度合理、有效，重点突出，难点突破 （3）人员分工清晰、交接顺畅、沟通及时
11	收尾整理	（1）欢送领导与嘉宾 （2）收拾整理各项物品 （3）检查遗留物品，及时跟进处理 （4）整理信息资料，做好存档工作 （5）编发颁奖会通讯稿	（1）欢送嘉宾有礼到位 （2）物品检查、整理细致、到位，处理及时 （3）会议文件存档及时、准确有序 （4）通讯稿图文并茂、主题突出、宣传效果好

巩固拓展

【巩固训练】

撰写颁奖会领导致辞、主持人发言稿、报道稿或宣传通稿。要求：

1．语言通顺、明晰、简洁，行文符合规范、主题突出。

2．图文并茂，具有创意，宣传效果好。

【能力拓展】

1．分组派代表朗诵或展示颁奖会领导致辞、主持人发言稿、报道稿或宣传通稿。

2．组内交流学习心得及个人实操能力提升计划，并派代表宣讲。

任务评价

实训任务评价表

评价维度	A	B	C	个人评价	小组评价	教师评价
能力达成	(1)主题突出，气氛热烈、祥和 (2)工作流程细致周详、符合规范 (3)分工明确具体，团队协作到位 (4)文字表述及任务展示流畅，阐述清晰，逻辑性强 (5)沟通能力强，组织能力以及创新应变能力较好 (6)动手能力强	(1)工作流程较细致，基本符合规范 (2)分工较细致，团队协作沟通较通畅 (3)文稿字表述及任务展示较流畅，具有一定的逻辑性 (4)实操能力较好	(1)基本能完成颁奖会举办的流程 (2)具有一定的分工合作 (3)表述欠流畅，逻辑性不强 (4)实操能力待提高			
知识掌握	(1)熟练掌握举办颁奖会的流程知识，并能恰当运用 (2)能帮助小组其他同学展开自学，进行讲解	(1)基本掌握举办颁奖会工作程序的知识点 (2)借助讨论、咨询同学、查阅材料等途径，将知识运用于任务实训中	(1)在老师或同学的指导下找到相关知识点 (2)基本了解颁奖会举办的流程			
学习态度	(1)积极参与任务实施全过程，精力集中，团队意识强 (2)主动回答问题；善于提出问题，自主探索解决问题的方法和途径 (3)引领小组同学自主学习知识点，将理论知识运用于实践	(1)实训任务的关键环节认真投入，基本完成任务，具备一定的团队精神 (2)积极回答问题，但不善于提出问题、解决问题 (3)能在组长带领下完成任务设计和实训	(1)基本能参与任务过程，团队意识不强 (2)态度端正，遵守课堂秩序，但学习主动性不强，自学能力不足，不敢大胆回答问题			

任务二 举办签字仪式

Task 2

任务指要

【任务目标】

掌握举办签字仪式的基本工作流程。

【任务要点】

本项目介绍了如何进行签字仪式筹备、现场组织及会后整理，着力强化学生模拟组织签字仪式的实操动手能力。

【任务重点】

掌握举办签字仪式的基本工作流程。

感知体验

混乱的签字仪式

H公司与G实业集团达成了合作协议，H公司总经理要求秘书小宋安排签字仪式流程。到了签字仪式那天，小宋把签字文本随意摆放在了桌子上，然后安排大家随意入座。会议室内闹哄哄的，等到领导入席签字时才发现没有签字笔，小宋就将自己随身携带的圆珠笔递给了领导，又给对方领导随便找了一支中性笔。签字完毕后，小宋由于站在两位主签领导的中间，使得自己的领导被远远挤开，站在一边观看她与对方助签人交换文本。赵总对小文这次的表现很不满意……

【思考练习】

小宋的问题出在哪里？应怎样准备签字仪式？

【明确】

小宋的问题在于没有按照签字仪式的规范做好各项准备工作，包括场地布置、设施设备、签字文本与文具等用品的准备与检查。而且，在签字仪式现场，小宋未能遵循签字仪式助签人员的礼仪规范，导致签字仪式现场混乱。

进入任务

模拟策划组织签字仪式

分组模拟组织一次签字仪式，自定举办单位及主题。可参考主题如下：

1. 学校与某单位联办实习基地，签订合作合同或意向书。

2. 学校、学生会、团委、学生社团与某慈善机构（如老人院、孤儿院等）签订义工服务或义演合作合同。

3. 学校、学生会、团委或社团与某校园活动（如校园模特大赛、歌手大赛、技能竞赛、征文比赛等）赞助机构签订合作合同或意向书。

4. 两家企业签订商务合作合同。

【任务分析】

本任务涉及举办签字仪式工作流程的相关知识和实操技能。各小组需做到：

1. 自学签字仪式举办流程的知识及相关商务礼仪知识。

2. 全方位、多角度收集相关资料，整合素材，开发潜能，完成任务设计演练。

3. 实训中注重锻炼组织策划、沟通协调、语言表达等能力。

【相关知识】

签字仪式表明会谈各方对文件约束力的正式认可，体现各方对会谈结果的重视，具有见证和宣传作用。国内会谈文件的签字仪式不拘形式，涉外签字仪式则有比较严格的要求。

一、签字仪式前期筹备工作

1. 确定主签人员与助签人员

主签人可以是双方参加谈判的主谈人，也可以由更高级别的领导人作为主签人以示重视。双方主签人的身份应当大致相等，并具有法定的全权代表资格。

助签人主要负责帮助主签人在签字时翻开文本，指明需要签字之处。涉外签字仪式文本由中外文印成，各方签字的位置不同，一旦签错会导致签字仪式失败，因此助签人必须参与谈判的全过程及文本的整理、起草、制作等环节。

2. 确定参加签字仪式其他人员并向其发出邀请

表1-2-2-1　签字仪式邀请人员一览表

邀请对象	姓名	单位	职务	联系人	出席确认/备注
见证嘉宾					
新闻媒体					
协作单位					

3. 准备签字文本、领导致辞稿、新闻通稿等

（1）签字文本准备：文本须经过严格校对、印刷、装订、盖印。文本分正本和副本。正本制作两本，用于签字后双方保存；副本的数量则根据实际需要数量确定。如果是涉外谈判，还要准备中文和外文两种文本。

（2）撰写并提请领导审定致辞稿及新闻通稿等重要文书。

4. 准备文件夹、文具、产品、企业资料、活动资料、宣传片等

表1-2-2-2　签字仪式物料清单示例

物料名称	数量	置放地点	负责部门	就位时间	备注
主题会标					
气球					
气球条幅					
彩虹门及条幅					
彩旗					
主席台桌椅					
记者席座椅					
演讲台					
有线/无线话筒					
主席台鲜花					
鲜花嘉宾卡					
音响					
贵宾台卡					
请柬					
签到簿、签字笔					
报到签字台					
指引牌					
纪念品					
主持词、领导致辞稿					
企业宣传片					
展架					
资料袋					
招待烟、酒					
矿泉水					
休息室茶、水果					

5. 选定工作人员

相关工作人员包括接待人员、礼仪小姐、安保人员等。选定工作人员后还要进行专业培训，并彩排。

6. 后勤保障及经费预算

（1）茶歇、用餐、交通等后勤保障工作落实。

（2）灯光、音响、空调、摄影器材等设备提前调试。

（3）做费用预算。

二、签字仪式会场布置

1. 签字桌及椅子

（1）双边签字仪式一般设长方桌，桌后放两把椅子，作为双方签字人员座位。

（2）三方签字，则加长桌子，增加座位。

（3）多方签字可将桌子摆成圆形，客方座位应在主方的右边。

2. 文具

签字笔横放在文本的下方，墨水和吸墨器放在文本的外侧。

3. 文本

将准备好的两份签字的正本放在各方座位前的桌子上。

4. 助签人和参加人员位置

助签人应站在各自主签人的身后外侧。其他参加人员按“主左客右”和身份高低分两边站立于后面，也可就坐于签字桌的前面或两侧，人数较多时可分坐若干排，如图 1-2-2-1 所示。

5. 香槟酒

为庆贺会谈成功，在签字仪式结束后，双方用香槟酒举杯共庆。

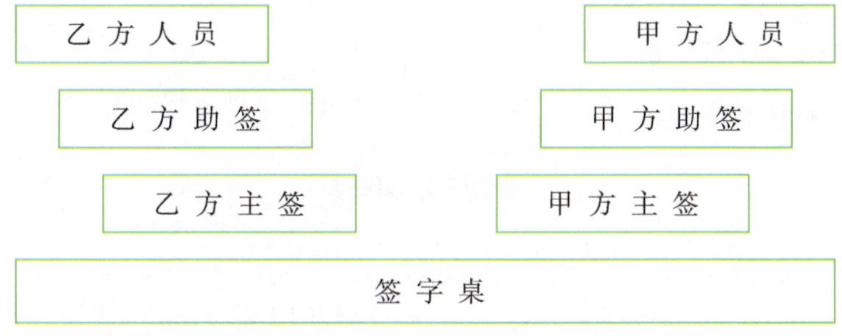

图1-2-2-1　签字仪式席位布置图

三、签字仪式流程

（1）双方按预定位置入席。

（2）助签人为主签人翻开文本，指明签字处；签字人在文本上签字后，助签人用吸墨器吸干墨迹。如所签文本较多，应逐一签字，不能遗漏。

（3）主签人在各自保存的文本上签字完毕后，由助签人互相传递文本，再由主签人在对方保存的文本上签字。

（4）签字完毕后，主签人起立，交换文本，相互握手致意。

（5）举杯祝贺。

表1-2-2-3　签字仪式活动流程表示例

10：00	贵宾及邀请媒体到场签到，为贵宾佩戴胸花，同时向媒体派发新闻通稿
10：30	主持人宣布签字仪式开始，介绍与会嘉宾、媒体，并表示感谢
10：40	介绍签字仪式双方基本情况及双方合作进展情况
11：00	签字仪式双方领导分别致贺词
11：30	主持人宣布双方代表正式签约，由礼仪小姐摆放签约物品（文件夹、签字笔）
11：40	主签人签字后交换文本、相互握手，全体人员举杯庆贺、合影留念
11：50	主持人宣布签字仪式圆满结束，来宾退场

实操实训

分组演练举办签字仪式，自定主办单位，主题可参见“进入任务”环节，要求：

1. 各组做好人员分工，展开自学、讨论，进行信息收集等。

2. 各组展示签字仪式筹备过程、嘉宾和来宾邀请和确认、场地布置、后勤保障计划、现场组织协调等。

3. 其他组观看展示，及时记录。

4. 各小组对实训任务进行自评、互评。

5. 教师点评、小结。

完成任务

参照下表进行场景演练：

实训任务操作表

序号	步骤	操作说明	要　求
1	确定主签人员与助签人员	（1）确定主签人员 （2）选定助签人员	（1）双方主签人身份大致相等，具有法定全权代表资格 （2）助签人熟悉情况，工作细致
2	确定参加签字仪式人员并向其发出邀请	（1）拟定嘉宾、记者、特约来宾、签字仪式主持人名单 （2）制作、打印请柬，并确认无误，送达重要嘉宾、记者及来宾处 （3）企业领导电话联系重要嘉宾，派专人登门拜访呈送请柬 （4）确认出席人员信息和人数	（1）邀请对象选定考虑周详 （2）请柬设计精美 （3）邀请方式符合嘉宾身份，具有针对性 （4）确认信息准确、及时

续表

序号	步骤	操作说明	要　求
3	文书资料准备	（1）拟写领导致辞稿并提交领导审定 （2）准备签字文本、文具、摄影器材等物品	（1）行文符合规范，语言简洁流畅、逻辑清晰 （2）物品准备齐全、充分，考虑周详
4	人员选定、培训及彩排	（1）选定主持人、礼仪小姐、接待人员等工作人员 （2）开展针对性培训 （3）各个环节进行合练、彩排	（1）人员挑选到位 （2）培训针对性强 （3）彩排完整、及时
5	后勤保障落实、经费预算	（1）落实茶歇、用餐、交通等后勤保障工作 （2）灯光、音响、空调、摄影器材等设备调试和安全检测 （3）列出各类费用预算	（1）后勤安排全面、细致 （2）会场设施设备齐全、完好，保障安全 （3）预算科学、合理，考虑周详，留有余地
6	落实会场布置	（1）与协作单位落实贵宾台卡 （2）落实会标、条幅、彩虹门或巨幅彩喷画、展架等物品的尺寸、文字内容、制作厂家、完成时间等 （3）落实话筒、欢迎牌、指引牌、签到台、嘉宾席位卡、嘉宾和记者胸花、会场绿色植物和鲜花、纪念品、矿泉水等物品的准备工作 （4）按照签字仪式规范布置	（1）贵宾台卡准确、符合位次礼仪规范 （2）会场设施设备、布置物品准备到位、齐全 （3）会场布置气氛庄重、热烈 （4）签字桌椅符合签字仪式规范
7	确定签字仪式流程	（1）迎宾，指引宾客签到，为其佩戴胸花，向媒体派发新闻通稿 （2）主持人宣布开始，介绍双方合作情况 （3）双方领导致辞 （4）签约，举杯祝贺 （5）来宾退场，恭送宾客	（1）迎宾礼仪得体 （2）流程符合规范、有序 （3）气氛庄重、热烈 （4）送客及时、有礼

巩固拓展

【巩固训练】

根据实训体会，分别列出举办和参加签字仪式的注意事项。

【能力拓展】

1．根据工作小结或实训过程反思记录，分析自身的优点与不足，拟订本人关于举办签字仪式的实训能力提升计划。

2．尝试撰写合同或意向书文本、领导致辞或新闻通稿。

3．小组派代表宣讲学习心得、实训反思报告、个人实操能力提升计划，展示签字仪式礼仪。

任务评价

实训任务评价表

评价维度	A	B	C	个人评价	小组评价	教师评价
能力达成	(1)工作流程符合规范，安排有序、周详 (2)分工明确具体，团队协作到位 (3)任务展示表述流畅，阐述清晰，逻辑性强 (4)会场布置恰当 (5)实操能力强，沟通协调能力、组织策划能力及创新应变能力好	(1)工作流程合乎规范，安排较到位 (2)分工及团队协作较到位 (3)文字表述与任务展示较流畅，具有一定的逻辑性 (4)实操能力与沟通协调能力较好	(1)基本能完成工作流程 (2)分工合作基本到位 (3)任务展示表述欠流畅，逻辑性不强 (4)动手能力待提高			
知识掌握	(1)熟练掌握举行签证仪式的流程知识，能将理论知识灵活运用到任务实训中 (2)能帮助同学学习知识点，耐心细致地进行讲解	(1)基本掌握举行签证仪式流程的知识点 (2)能在教师和同学帮助下，通过查阅材料、讨论等途径，将知识运用于任务实训	(1)在老师或同学的指导下，比较准确地找到相关知识点 (2)基本了解举办签字仪式的流程知识点			
学习态度	(1)积极主动参与学习和任务实训全过程，团队意识强 (2)积极回答问题，能开动脑筋，大胆提出问题，并能自主探索解决问题的方法和途径 (3)能引领小组同学自主学习知识点，并能将理论知识运用于实践	(1)主要学习和任务实训环节认真投入，基本完成学习与实训任务 (2)自主学习能力待提升，能积极回答问题，但不善于提出问题和解决问题 (3)能自觉配合组长完成任务设计和实训	(1)基本能参与任务过程，但缺乏主动性与团队协作精神 (2)自觉听讲，遵守课堂秩序，但学习主动性不强，自学能力不足，不敢大胆回答问题			

项目三
展览活动训练

项目概述

展览会是组织通过实物、文字、图片、表格、音像等形式展现组织成就、风貌、特征，推介产品或服务的一种公共关系专题活动。展览会这种传播方式直观、形象、生动，是企业开拓新市场，吸引新客户的公共关系手段之一。企业可通过此种方式与公众面对面沟通，及时搜集反馈信息、扩大组织影响力。

本项目着重通过宣讲企业文化、举办企业产品展示会等任务对学生进行展览会组织工作专项训练，使学生具备相应的实际操作能力。

训练目标

通过本项目的训练，使学生掌握展览会的基本工作流程与规范，能以小组为单位，模拟组织企业文化宣讲、企业产品展示会等活动，强化实际操作能力和应变能力，同时培养学生良好的沟通协调意识、创新审美意识及宣传推广意识。

任务一 宣讲企业文化 Task 1

任务指要

【任务目标】

掌握举办企业文化宣讲活动的基本工作流程。

【任务要点】

本项目介绍了举办企业文化宣讲活动的筹备工作、现场组织和收尾整理工作的知识与方法，着力培养学生策划组织企业文化宣讲会的动手能力。

【任务重点】

基本掌握举办企业文化宣讲活动的工作流程。

感知体验

百年名店利顺德大饭店的怀旧文化宣讲活动

百年名店利顺德大饭店抓住其特有的文化资源，举办了一系列的富有特色和文化品位的公关宣讲活动，塑造出利顺德大饭店独有的企业文化形象。

1. 历史名人的足迹

利顺德大饭店曾经是中国外交活动和政治活动的重要场所。英国、美国、加拿大、日本等国曾先后将领事馆设在饭店内。美国前总统胡佛、孙中山、黄兴、宋教仁、张学良、溥仪、蔡锷、梁启超、段祺瑞等均曾在此留宿，这里留下许多历史名人的足迹和众多不同时期的文物。利顺德大饭店根据“修旧如旧”的理念，不仅恢复了张学良将军房间的原貌，还恢复了孙中山总统套房、美国前总统胡佛套房、京剧大师梅兰芳套房以及十世班禅套房原貌。在这里，人们可以系统完整地看到中国天津近代很多弥足珍贵的史料。由于饭店声名显赫，国内外要人经常驻足利顺德，为饭店赢得了源源不断的客源。

利顺德大饭店从2001年10月20日开始向公众免费开放张学良将军与赵一荻女士曾经下榻过的215房间，一时间游人如织。各界人士从四面八方赶来参观，追思张学良将军。这不仅扩大了饭店的声誉，而且吸引了很多顾客到利顺德大饭店去住宿。

2. 老菜单

天津利顺德大饭店意外发现两张老菜单。两张菜单专门为天津足球队在利顺德大饭店宴请来访的上海足球队而特制，做工考究、细致，上面留有当年上海足球队和天津足球队的两张珍贵合影，照片上两支球队队员绝大多数是外国人，仅三名球员是中国人模样。为此，利顺德登报寻找了解此次比赛及宴请的知情人。后经天津市足球史专家追踪考证，竟引出尘封了六十多年的惊人发现：1936 年，由英、法、葡萄牙等多国球员组成的上海和天津队，曾在津门这块足球宝地上演了一场当时最高级别的大赛。一代球王李惠堂和天津名将孙思敬、姜璐均参加了比赛。此报道刊登在一份珍藏多年的绝版老足球报上……老菜单的发现恰逢皇马来津比赛，此事一出即得到各大新闻媒体的热情关注。

3. 公关礼品——旧影明信片首发式

利顺德大饭店是中国第一个邮政机构在天津诞生和中国第一枚邮票大龙票在天津发行的历史见证者。2004 年 9 月 27 日世界旅游日，具有 140 多年历史的利顺德大饭店精选出具有百年历史文化风貌的原样照片，设计成 8 张明信片在天津利顺德大饭店门前首发，与会单位有天津邮政管理局、旅游局、知名旅游企业等。通过这套明信片，发生在利顺德大饭店的一系列历史事件得到了充分展示，从历史的角度见证天津利顺德的发展。

4. 最古老的电梯

利顺德饭店有一个可称得上中国现存最古老的一部电梯。它建于 1924 年秋，曾留下了孙中山、周恩来等伟人的足迹，同时也有社会各界名流活动的身影。91 年后的今天，这台电梯性能完好，运行顺畅。

2005 年 8 月 30 日，中国电梯协会向利顺德大饭店颁发证书，认定该店老电梯为中国现存并仍在正常运行的最古老电梯。该电梯在楼梯的回转空间用金属网构建半封闭井道，轿厢为木质结构，通过手动栅栏门和按钮操作，都是当年最先进的。由于电梯一直运行良好，所以吸引来众多的国内外观光者、电梯专业工作者参观。2006 年 3 月 4 日，在廊坊召开电梯会议的工作者专门到利顺德饭店观看电梯；而《阮玲玉》《玉碎》《永不瞑目》等影视摄制组也纷纷前来采景，利顺德成为著名的影视基地。利顺德大饭店的电梯也吸引了新闻媒体的注意，中央电视台、凤凰卫视中文台等都对此做了专门详细的报道，使得利顺德大饭店美名远扬。

【思考练习】

利顺德大饭店文化宣讲活动取得成功的原因何在？

【明确】

利顺德大饭店的系列文化宣讲活动能在众多类似的宣传活动中脱颖而出，与其巧妙地借助了历史文化元素吸引目标公众关注的宣传策略密不可分。可见，独具特色、策划得当的文化宣讲活动能够起到意想不到的宣传效果。

进入任务

模拟策划一次文化宣讲活动

分组模拟组织一次文化宣讲活动，并在本班级或其他班级进行宣讲。活动主题和形式参考如下：

1. 校园文化展览会（主题如校史展览、校庆回顾、校园书画展、校园风光摄影展等）；
2. 宿舍、班级、学生社团或校园橱窗文化设计展示；
3. 学生风采录（以学习、生活、实训、见习、实习、课余文娱活动等为主题的宣传栏、宣传单或画册、摄影册、视频或微电影等）。

【任务分析】

本任务涉及组织展览会及文化宣讲活动的相关知识和实操技能。需做到：

1. 自学组织展览会及文化宣讲活动的流程知识；
2. 通过网络搜索、图书资料阅读、参观学习等方式收集相关资讯，根据小组任务分工，完成任务设计和演练；
3. 实训中注重锻炼信息收集、手工操作、演讲艺术等综合能力。

【相关知识】

一、企业文化宣讲的方式

企业文化宣讲的方式多种多样，具体介绍如下：

（1）文化展览会、博览会：该类展览会能提高企业自身的知名度和扩大社会影响，既要求展览内容有一定的整体性和概括性，又要求重点突出，给参观者留下全面而深刻的印象。如“××企业×周年回顾展”“××企业创业史”“××企业文化回顾”等企业文化展示会。

（2）专题性文化展示会：要求主题鲜明，内容集中、深刻，能集中显示出企业文化特色。如“××企业公益活动之旅”“××企业技艺展评活动”等。

（3）企业文化陈列室或企业文化宣传橱窗：专为社会宣传而设，如公益性的“交通安全展览”“公益服务介绍一览”等。陈列室或橱窗是企业内部的文化展示空间，陈列公司发展历程，大事记，获得的奖杯、奖牌、荣誉证书等，可展示企业的文化建设发展过程和成就。

（4）企业文化墙：可向外界展示该企业的独特魅力，如企业介绍、管理层介绍及企业荣誉、员工风采、经营理念展示等。

（5）企业文化多媒体展示区：可放置沙盘模型一套（仿真设计，模型按比例微缩）；可通过投影仪或大屏幕液晶电视播放企业宣传片、动画形式的工艺流程、员工风采等相关内容。

（6）企业文化宣传册：教育引导员工自觉维护企业文化，并对外塑造传播企业独特的文化品位，提升品牌价值。

（7）企业文化论坛、恳谈会或研讨会：加强管理人员及员工间的情感沟通，将企业文化内化到每一位员工的思想中。

（8）各类企业文化竞赛：组织企业核心价值观践行竞赛、团队拓展竞赛、企业文化征文（演讲）大赛、以企业文化为主题的摄影比赛、宿舍（办公室）文化氛围设计比赛等多元化活动，凝聚员工的向心力，激发团队协作精神，使企业文化根植于基层员工的理念之中。

二、企业文化宣讲活动组织程序

（一）明确文化宣讲活动的目标

企业文化宣讲活动的目标须与企业发展历程保持一致，要求可量化、可行性强。

（二）拟定文化宣讲活动主题

企业文化宣讲活动主题能鲜明地凸显企业的风格与特色。要求朗朗上口、易于识记，内涵丰富、独具一格。

（三）策划活动项目

围绕活动主题策划各项宣讲子项目（参见上文），要求子项目既环环相扣、又各具特色。

（四）制订文化宣讲活动计划（方案）

1. 活动时间和地点

活动场地设施完善、交通便利，活动时间符合企业和公众的要求。

2. 活动对象

根据活动目标、主题、宣传氛围和费用预算等拟定邀请对象。

3. 确定嘉宾（评委）名单并发出邀请，跟进确认

提前 1 ~ 2 周邀请嘉宾，发出正规邀请函，重要嘉宾需亲自登门发出邀请。活动前几天逐一确定参加人员姓名、职务及人数等。

4. 布置活动场地

（1）场外氛围布置：场外出入口处张贴海报，布置气球拱门、花草装饰，设欢迎牌、指示牌、签到台等。

（2）场内氛围布置：在场内悬挂横幅，布置花草和工艺品装饰，展示企业标志模型、演讲台，灯光音响设备到位等。

（3）展示区布置：布置企业荣誉墙（墙面安装 LED 超薄灯箱、内置企业文化展示图片）、陈列柜（陈列公司奖杯、奖牌、荣誉证书等）、橱窗（内置企业发展历程和大事记的相关图文资料）、企业文化多媒体展示区（设有企业沙盘模型，播放企业宣传片投影仪或大屏幕液晶电视、触摸式电脑显示屏），地面上粘贴行进标识指示路径等。

5. **安排活动日程**

（1）入场接待

① 提前30分钟做好一切准备，一切所需材料和工具及人员到位；

② 观众入场，播放音乐、企业宣传片，引领嘉宾入场。

（2）宣讲沟通阶段

① 主持人致辞，介绍双方领导，介绍宣讲会流程，领导讲话；

② 主持人邀请企业领导简单介绍企业；

③ 宣讲人进行宣讲；

④ 现场机动人员维持现场纪律，组织合影留念；

⑤ 现场人员进行互动，提出疑问，发表建议；

⑥ 热情欢送来宾。

（3）尾声

① 主持人致辞对宣讲会进行总结，宣布宣讲会结束；

② 播放音乐，人员离场；

③ 工作人员会后清理现场，做好材料整理工作。

（五）活动物品和宣传资料筹备

活动物品和宣传材料筹备包括：展板、海报、条幅、宣传单、多媒体设备、音响设备（话筒）、摄像机、企业文化宣传视频短片、开场音乐、气球、彩旗或彩带、水、会议资料等。

（六）工作人员分工与培训

活动工作人员包括：筹备小组人员、外联宣传人员、接待服务人员、会务文秘人员、工程技术人员、美术设计人员、摄影人员、后勤安保人员等，须明确具体分工与责任，并开展针对性培训，要求“人尽其才，一职多能”。

（七）费用预算

表1-3-1-1 活动物品筹备及经费预算单示例

物品	数量	单价	总价
展板	1个	50元	50元
宣传海报	20张	10元	200元
宣传条幅	1条	450元	450元
气球	10袋	10元	100元
彩带	30根	1元	30元
水	5箱	10元	50元
……	……	……	……

三、文化宣讲活动现场组织实施

（1）活动场地和设备检查：对灯光、音响、相机、摄像、麦克、屏幕、投影仪等设备进行调试，对活动场地布置及资料进行安全检查，查看有无遗漏之处等。

（2）活动现场组织协调：及时解答公众的问题、提供服务、根据活动现场情景及时应变等。

（3）活动现场接待服务安排：对参与嘉宾、媒体记者、公众等各项服务接待、呈送宣传资料企业文化纪念品等。

（4）活动现场安全及后勤保障维护安排：配合安保、后勤及工程人员做好交通、餐饮等相关保障工作。

四、文化宣讲活动收尾整理工作

（1）物品及资料及时收拾，做好整理分类、分析或归档。

（2）遗留物品检查、登记及跟进工作：仔细检查会场有无遗留物品，一旦发现，在安保人员及第三方证人见证下，打开检查，登记，通过检查邀请或签约资料、监控视频等途径，寻找物主，及时沟通、核实、签认、归还，做好登记。

（3）对所有设施设备进行清点检查、回收、包装及运输。

（4）通过调查问卷、拜访、电话、函件或邮件等方式取得参与公众对活动的反馈，对反馈数据进行统计、分析，并及时向有关部门反映。

实操实训

分组策划演练一个校园 / 班级 / 社团 / 宿舍文化或学生生活风采宣讲活动，主题和形式参见“进入任务”环节。要求：

1. 各组自定文化宣讲会的主题，做好相应的人员分工；

2. 各组自学知识点、收集资料、研讨决策、做小组任务成果展示准备等；

3. 各组在本班级或到各个班级或社团展示文化宣讲活动成果（可采用 PPT、图册、海报、视频等形式），阐述策划构思与创意、筹备过程、现场布置工作安排、后勤保障工作安排等；

4. 各小组对实训任务进行自评、互评；

5. 教师点评、小结。

完成任务

参照下表进行场景演练：

实训任务操作表

序号	步骤	操作说明	要 求
1	明确活动目标	（1）明确企业发展历程与趋势 （2）文化宣讲活动目标须与企业发展历程与趋势保持高度一致	（1）目标可量化 （2）可行性强
2	拟定文化宣讲活动主题	（1）认真研究企业文化核心理念 （2）挖掘企业文化特色 （3）研讨、确定能高度概括企业文化特征的活动主题 （4）斟酌体现活动主题的口号	（1）主题单一、鲜明 （2）创新性强，内涵丰富 （3）主题凸显企业特色 （4）口号朗朗上口、易于识记
3	策划活动项目	（1）围绕活动主题，讨论展示形式 （2）列出所有活动子项目 （3）分析子项目的创新性、可行性 （4）确定子项目及展示形式	（1）子项目环环相扣、各具特色 （2）子项目能凸显企业特色 （3）展示方式新颖、吸引力强
4	制订文化宣讲活动计划（方案）	（1）确定活动时间和地点 （2）选择活动对象 （3）确定嘉宾（评委）名单并发出邀请，跟进确认 （4）设计活动场地布置方案，包括场内外的布置（包括气氛营造）、企业文化展示区布置等 （5）认真推敲活动日程安排	（1）时机恰当 （2）选择的地点交通便利、设施完善 （3）活动对象选择针对性强 （4）嘉宾邀请有礼到位，人数和职务确认准确 （5）场地布置方案设计合理、主题突出、考虑周详 （6）日程安排细致高效
5	工作人员分工与培训	（1）根据活动方案进行项目分组 （2）调配人员分工，明确工作范围与责任 （3）分组进行针对性培训、考核	（1）项目分组合理到位 （2）人员分配体现“人尽其才，一职多能”，协作沟通充分 （3）培训注重实操能力、针对性强、检测到位
6	做费用预算	（1）列出各类费用开支条目 （2）了解费用预算指标及会议用品市场价格 （3）拟定预算表	（1）考虑全面、细致 （2）价格合理，货比三家 （3）预算表格清晰、留有余地
7	现场组织实施	（1）活动场地和设备检查 （2）现场组织协调工作 （3）现场接待服务安排 （4）现场安全及后勤保障工作	（1）场地布置到位合理，设备齐全、安全、完好 （2）现场组织统一指挥、协调有序、沟通顺畅 （3）接待服务周到有礼 （4）安全有序、后勤工作及时到位
8	收尾整理工作	（1）物品及资料收拾 （2）遗留物品检查、登记及跟进 （3）设施设备清点、包装及运输 （4）参与公众信息整理、分析及反馈	（1）收尾工作有序、细致 （2）遗留物品检查处理符合安全规范、及时准确 （3）物品清点认真、准确 （4）信息收集充分、分析客观、反馈及时明晰

巩固拓展

【巩固训练】

1. 分组收集著名企业经典的企业文化展示活动方案或作品。

2. 将收集到的经典案例或作品与本组任务训练成果做比较，并展开对比研讨，得出分析结论。

【能力拓展】

1. 整理小组研究结果，派小组代表展示宣讲著名企业经典企业文化展示活动（以PPT、视频、图册等形式），并对该个案与本组作品做差异分析。

2. 分析本组和个人在本任务实训中的优点与不足，拟订实训能力提升计划。

3. 小组之间进行互评活动。

任务评价

实训任务评价表

评价维度	A	B	C	个人评价	小组评价	教师评价
能力达成	（1）目标明确，主题突出，项目设计富有创意、吸引力 （2）工作流程设计符合规范、环环相扣、逐层递进、细致周详 （3）子项目分配合理，人员分工具体明晰，团队协作到位 （4）项目成果展示形式多元、阐述清晰、重点突出、逻辑性强 （5）沟通能力强，实操和应变能力好	（1）目标较明确，主题较鲜明，工作流程基本符合规范 （2）子项目分配较合理，分工较科学，团队协作较到位 （3）成果展示具体，表述较流畅，具有一定的逻辑性 （4）语言表达能力一般，应变力待提高	（1）基本能完成活动组织的工作流程 （2）子项目分配不到位，遗漏个别工作环节 （3）团队协作意识和沟通表达能力须提升 （4）实操能力及逻辑性不强			
知识掌握	（1）熟练掌握企业文化宣讲活动形式及工作流程知识，能将理论知识灵活运用到任务实训中 （2）能主动帮助小组成员自学知识点，讲解耐心、清晰	（1）基本掌握企业文化宣讲活动形式及工作流程的知识点 （2）借助查阅材料、讨论、咨询同学，在老师和同学指导下，将知识用于任务实训	（1）在老师或同学的指导下找到相关知识点 （2）基本了解企业文化宣讲活动形式及工作流程等知识			
学习态度	（1）任务过程中认真投入，积极配合互动，团队意识强烈 （2）善于开动脑筋，大胆提出不同意见和问题，自主探索解决问题的方法和途径 （3）积极带领小组同学自主学习知识点，在任务实训设计和展示过程中起重要作用	（1）认真投入各个主要学习和实训任务环节，基本完成任务，具备团队精神 （2）能主动回答问题，但不善于提出疑问和不同意见，也未能提出解决问题方法 （3）能配合组长完成任务设计和实训	（1）能参与任务过程，主动性有待加强。团队精神较欠缺 （2）学习态度较端正。认真听讲，遵守课堂秩序，但不善于开动脑筋，自学能力不足，不敢大胆回答问题			

任务二 举办企业产品展示会

Task 2

任务指要

【任务目标】

掌握举办企业产品展示会的基本工作流程。

【任务要点】

本项目介绍了举办企业产品展示会的前期调研和筹备、现场组织工作等专业技能知识，着力强化学生策划组织企业产品展示会的实操能力。

【任务重点】

基本掌握举办企业产品展示会的工作流程。

感知体验

产品展览策划求新求异结硕果

美国实业界巨子华诺密克参加一年一度在芝加哥举行的美国商品展览会，但运气仿佛不佳，根据抽签结果，他的展位被分配到了一个极为僻静的角落处。

受华诺密克委托，设计师萨蒙逊冥思苦想后，设计出了一个古阿拉伯宫殿式的展位，展位前面的大路变成了一个人工做成的大沙漠，当人们从这儿经过时，仿佛置身于阿拉伯一样。他吩咐254个职员一律穿上阿拉伯国家的服饰，要求女职员都要用黑纱把面孔下部遮盖住，只露出两只眼睛，并派人从阿拉伯买来6只骆驼做运输货物之用。此外，他还准备了大量的气球。

华诺密克的阿拉伯式展位一经做成，就引起了人们的种种猜想，不少人在互相询问“那个家伙想干什么”。更想不到的是，一些记者把这种异想天开的独特造型拍照进行了报道，这更引起了人们的兴趣。

开展后，展览会上空升起了无数色彩斑斓的气球。这些气球都是精心设计过的，升空不久后，便自动爆破，变成一片片胶片纷纷撒落下来。有人好奇地捡起一看，只见上面写着：当你捡到这枚小小的胶片时，亲爱的女士或先生，你的好运气开始了，我们衷心祝贺你！请你拿上这枚胶片到华诺密克的阿拉伯式展位前，换取一枚阿拉伯的纪念品。谢谢你。这下，华诺密克的展位前人头攒动，人们纷纷跑过去争相领取纪念品，反而冷落了处于黄金地段的展位。

第二天，芝加哥城里又升起了不少华诺密克的气球，引起更多市民的关注。45天后，展览会结束了，华诺密克公司共做成了2000多宗买卖，其中有500多宗的买卖都超过了100万美元，大大出乎华诺密克的预料。而且，据组委会统计，他的展位成了全展览会中光顾游客最多的展位。他的这一“鲜”招，狠狠地“挤兑”了一回那些因处于黄金地段而多掏管理费的展位。

【思考练习】

华诺密克的产品展览取得成功的原因何在？

【明确】

华诺密克的产品展览成功的关键是展位的主题设计和对外宣传手段富有创意、别出心裁，这一策划考虑细致，形成系列。企业的产品展示会组织是否周详，场地布置形式是否创新、人员安排是否到位……直接影响到展示活动成效。

进入任务

模拟举办产品/作品展示会

分组模拟组织产品、作品展示会，产品自定。

【任务分析】

本任务涉及举办展示会的相关知识和实操技能。需做到：

1. 自学组织展示会的流程知识。
2. 大量收集相关资讯（图片、视频、文稿等），分工完成任务演练。
3. 实训中注重培养信息采集与筛选、沟通协调、组织策划等综合能力。

【相关知识】

成功的企业产品展示会不但可以通过公众参与完成产品销售任务，还可能吸引新闻媒体采访，借助媒体成为新闻舆论的热点，使产品信息得到大范围的宣传推广。

一、产品展示会前期调研工作

1. 对举办产品展示会进行可行性研究

为防止费用开支过大，得不偿失，或因准备不足而达不到预期的效果，必须对产品展示会的人员专业性、产品吸引力、目标公众信息、可操作性、地点与成本预算等方面进行调查分析。

2. 对参加产品展示会进行可行性研究

了解该产品展示会的举办历史、主办单位的信誉、专业性、举办地点与收费等情况，据此做出是否组织或参展的决定。

二、制订产品展示会组织方案

1. 确定产品展示会主题，制订计划

明确展示会最终目的和主题，拟订详细的计划，并据此确定展示会的具体内容、形式和传播方法。

2. 构思产品展示会基本框架

根据展示会主题、类型等要求，构思展示会总体规划及每个展位的布置。由专人负责撰写展览脚本，并设计会标、主题广告、划分展览各部分内容，使之和谐统一、呼应衔接。

3. 明确产品展示会目标公众类型

预测分析展示会的目标公众，包括目标公众的层次、数量及需求特点，有针对性地准备产品展示会的内容，确定传播形式、接待规格和收费标准，力求将产品展示会的信息有效地传播至目标公众。

4. 确定产品展示会时间和地点

（1）产品展示会的时间应遵守季节性、时间性等限制因素。

（2）地点选择主要考虑环境是否适合展览的主题、交通是否便利、辅助设施是否配套、安全保护系统是否有效等。

5. 合理预算费用

费用预算项目包括：场地使用、设计、陈列、装修费用，工作人员劳务费用，运输费和保险费用，宣传费和广告费用，接待费用等。

6. 拟订相关宣传计划

（1）成立专门的新闻发布机构，该机构负责和新闻界进行联系，积极为新闻媒体提供有价值的新闻稿，负责安排记者采访、召开记者招待会、播放广告、派发宣传资料等工作，以扩大产品展示会的影响。

（2）面对对展示项目有较深了解和研究的公众，要准备较为专业化和详细的介绍资料；对于一般的参观者，则采用通俗易懂的语言，进行普及性的宣传。

三、展厅（室）布置

（1）围绕展览主题，认真选择并合理配置展品，使之突出产品展示会的主题。

（2）精心布置陈列，进行统一装修，以体现企业风格特色，避免脱离主题的过分装饰、音响刺激、各式花招等分散参观者对展品的注意力。

（3）规划好电源、电话、照明、音响、影像等辅助设施排布，并做好安全监测。

（4）提供相应的展品检验、物流运输、仓储管理、人员住宿等后勤保障服务。

四、策划和组织开幕仪式

为取得生动活泼、新颖别致的效果，一般大中型的产品展览活动往往举行别开生面的开幕式、邀请有关知名人士出席、安排有关文艺团队助兴等，以活跃产品展示会的气氛，吸引更多公众前往参观。开幕式筹备具体工作内容包括拟定典礼仪式的嘉宾名单、设计典礼的主要内容、设计开幕式程序、安排助兴节目或参观等。

五、其他准备工作

（1）印制好产品介绍、企业简介等宣传资料。

（2）准备正式商务信件，发给潜在公众，邀请其光临产品展示会。

（3）选择好重点招徕的目标商，研究其需求结构、可能承受的价格水平，预测可能面对的其他竞争者的压力，制订出适当的销售策略和报价单。

（4）对产品展示会的讲解员、接待员、服务员等进行展览专业知识、传播沟通方法技巧、礼仪规范等方面培训，以保证产品展示会的顺利开展。

六、展示会接待服务

（1）工作人员注意行为举止和穿着形象，坚守展台，提供业务、产品方面的咨询服务。

（2）在接待时，不要用“雷达式”目光进行扫描，要认真倾听公众的意见，搜集信息，尽快判断出其意向，并与其进行良好沟通。

（3）及时准确地回答公众提出的问题，不能立即回答的，要向对方致歉，应设法留下对方的地址，以便以后答复。

七、展示会后续工作

（1）趁热打铁，做好公众追踪工作，积极拜会新旧用户，解决在产品展示会期间来不及处理的问题。

（2）及时整理不同年龄、性别、职业公众的不同需求等信息，向有关部门反馈通报。

实操实训

分组演练一场产品展示会的筹备和举办，参见“进入任务”环节。要求：

1. 各组自拟产品展示会的主题，做好人员分工。
2. 学生参与自学、小组研讨、素材采集等环节，按照分工完成实训任务。
3. 各组通过 PPT、宣传卡纸、大图纸、视频、产品展示会模型、宣传册等形式展示本组任务成果。
4. 各小组对实训任务进行自评、互评。
5. 教师点评、小结。

完成任务

参照下表进行场景演练：

实训任务操作表

序号	步骤	操作说明	要 求
1	前期调研工作	（1）对举办产品展示会进行可行性研究：对人员专业性、产品吸引力、目标公众信息、可操作性、地点与成本预算等进行调查分析 （2）对参加产品展示会进行可行性研究：了解该产品展示会举办历史、主办单位的信誉、专业性、举办地点与收费等情况	（1）调研覆盖范围适中，调研对象针对性强 （2）调研信息充分具体，数据真实准确 （3）可行性分析详尽细致、客观科学，具有说服力
2	制订产品展示会组织方案	（1）确定产品展示会主题，制订计划，确定展示会的具体内容、形式和传播方法 （2）构思产品展示会基本框架 （3）明确产品展示会目标公众类型 （4）确定产品展示会的时间和地点 （5）合理预算费用 （6）拟订相关宣传计划	（1）主题突出、目标明晰 （2）框架搭建指导性强 （3）目标公众针对性强 （4）费用预算合理、全面 （5）宣传计划周详到位
3	展厅（室）布置	（1）认真选择、合理配置展品，突出主题 （2）精心布置陈列，彰显企业特色 （3）规划好辅助设施的排布，做好安全监测 （4）提供必要的后勤保障服务	（1）展品选择具有代表性、吸引力强 （2）展品陈设合理美观、主题突出、独具风格 （3）辅助设施齐全到位，安全监测过关 （4）后勤服务考虑周详、安排有序、保障到位
4	策划和组织开幕仪式	（1）确定典礼仪式的内容、程序 （2）策划助兴节目 （3）确定嘉宾，提前、当面邀请 （4）拟写开幕词 （5）做好开幕仪式场地设计与布置等	（1）典礼流程规范到位，体现热烈祥和的气氛 （2）嘉宾身份适中，邀请有礼、落实有序准确 （3）开幕词规范简练 （4）场地布置到位有序
5	其他准备工作	（1）印制好各类宣传资料 （2）邀请潜在公众光临 （3）选择、研究重点招徕的目标公众，制订出适当的销售策略和报价单 （4）对产品展示会工作人员进行专业培训	（1）宣传资料印制及时、充足、美观、明晰 （2）公众针对性强，邀请全面有礼，确认及时准确 （3）重点招徕目标公众信息调研充分、准确，销售策略得当 （4）人员培训全面、专业、有效，指导性强
6	展示会接待服务工作	（1）工作人员言行举止规范有礼，坚守展台，提供咨询服务 （2）倾听公众的意见，搜集信息，尽快判断出其意向，实现良好沟通 （3）当面或会后回答公众问题	（1）人员言行举止得体，服务到位 （2）及时观察、认真倾听，准确判断，沟通良好 （3）答问准确，及时记录信息，反馈主动
7	后续工作	（1）积极跟踪新旧用户，解决展示会现场遗留问题 （2）及时整理不同公众的需求信息，向有关部门反馈通报	（1）跟踪、拜会工作到位，问题及时解决 （2）公众信息整理及时，反馈客观、理据充分

巩固拓展

【巩固训练】

撰写本任务训练的工作小结、心得体会及实训过程反思记录。

【能力拓展】

1. 根据工作小结或实训过程反思记录，分析本组和他组的优点与不足。
2. 拟订本人在模拟组织产品展示会方面的实训能力提升计划。
3. 小组间或同学之间互相交流实训任务心得及个人实操能力提升计划。

任务评价

实训任务评价表

评价维度	A	B	C	个人评价	小组评价	教师评价
能力达成	（1）目标明确，主题突出 （2）工作流程符合规范、计划细致周详 （3）分工明确具体，团队协作到位 （4）任务展示表述流畅，阐述清晰，逻辑性强，形式独具一格 （5）沟通能力强，创新应变能力好	（1）符合主题，工作流程基本符合规范 （2）有一定分工，团队协作较到位 （3）任务展示具有一定的逻辑性，表述较流畅，形式具有一定创意	（1）基本能完成工作流程 （2）分工协作和团队精神有待提升 （3）表述欠流畅，逻辑性不强；展示形式一般			
知识掌握	（1）熟练掌握展示会组织程序知识，并能灵活运用到任务实训中 （2）能耐心向同学讲解，帮助同学开展学习	（1）基本掌握展示会组织程序知识点 （2）借助查阅材料、小组讨论、咨询同学等方式配合小组开展任务实训	（1）在老师或同学的指导下找到相关知识点 （2）基本了解展示会组织程序知识点			
学习态度	（1）任务过程中主动投入，团队意识强 （2）积极主动提出问题，自主探索解决问题的方法和途径 （3）善于开动脑筋，引领小组同学自主学习知识点，并能将理论知识融入实际操练	（1）认真投入主要学习和实训任务环节，基本完成实训任务 （2）自主学习意识待提高，主动回答问题，但不善于提出问题和解决问题 （3）具有一定团队精神，能配合组长完成任务实训	（1）能参与任务过程，但缺乏主动性和团队精神 （2）认真听讲，遵守课堂秩序，但学习主动性不强，自学能力不足，不敢大胆回答问题			

模块二

Module 2

礼仪训练

项目一 个人形象礼仪训练

Project 1

项目概述

个人形象礼仪是人们在社会交往中使用频率较高的日常礼节。掌握规范的社交礼仪，能建立、保持、改善社会活动中的人际关系，构建和谐融洽的交际氛围。本项目着重从仪容礼仪、仪表礼仪、仪态礼仪三方面对学生进行基本礼仪训练，从而使学生掌握塑造个人形象的基本礼仪技能。

训练目标

通过本项目的训练，使学生了解自我，学会修饰自我，懂得在人际交往和工作中以最佳的风貌出现在他人面前，塑造良好的外在形象和内在形象，掌握个人形象礼仪，展现个人魅力！

任务一　仪容礼仪训练 Task 1

任务指要

【任务目标】

1. 掌握仪容礼仪的一般知识。
2. 能根据场合熟练地对自己进行得体的仪容修饰。

【任务要点】

本节介绍了个人仪容修饰的重点及具体的修饰方法，并引导学生学会根据不同场合进行得体的仪容修饰。

【任务重点】

能根据场合熟练地对自己进行得体的仪容修饰。

感知体验

国外有位心理学家曾经做过这样的实验：一位身着笔挺军服的军官，一位戴金边眼镜的学者，一位装扮得体的女郎，一位神态疲惫的中年妇女，一位留着怪异长发、穿着邋遢的男子分别到路边拦车。结果是女郎、军官、学者的搭车成功率高，中年妇女次之，而那位邋遢男子最惨，司机见到他非但不停车反而猛踩油门……

【思考练习】

1. 这个实验说明什么问题？
2. 如果你不想失去任何成功的机会，首先应注意什么？

【明确】

1. 心理学上的“首因效应”指当人们第一次认知某个事物或某个人时，会在大脑当中留下关于这个事物或这个人的第一印象，这将对人们以后对其的认知产生影响。案例中的心理实验正说明人们初次见面时会根据对他人外貌、衣着等外部特征产生的“第一印象”将人自动归类，“第一印象”直接影响社交中人与人之间的信任感。

2. 在竞争激烈的时代，机会稍纵即逝。若想把握每一个成功的机会，要始终记住“机会永远垂青于有准备之人”，应注重仪容礼仪，对面容进行适当的保养与修饰，时刻以自信饱满的精神状态出现在他人面前。你将良好的仪容展示给他人的同时，也将赢得他人对你的尊重和认可，成功的几率也将大大增加。

进入任务

应聘前的准备

即将毕业的肖佳接到了一家外贸公司的面试通知，竞聘的职位是前台文员，该职位要求应聘者五官端正、仪态大方。

如果你是肖佳，明天将要面试，你会提前做好哪些准备，以确保自己以良好的精神面貌出现在招聘主考官的面前？

【任务分析】

针对应聘职位要求，肖佳应特别注意展示自己的个人形象礼仪，做好护肤、化妆和整理发型等仪容修饰工作，因此要做到以下几点：

1. 掌握仪容礼仪的相关知识。
2. 打造适合自身和应聘职位的妆容及发型。

【相关知识】

仪容即人的外表，多指一个人的容貌，这里泛指人的面部、头发、手部等，是个人形象的重要组成部分。正所谓“三分长相，七分打扮”，适当的仪容修饰能起到扬俊掩丑的作用，是尊重自己和尊重他人的表现。每个人的音容笑貌都沉淀着自己的文化与修养，端庄大方的仪容不仅能增强自信，还折射出一个人的生活方式和精神面貌，有助于在人际交往中形成良好的“第一印象”，促进彼此间进一步交流，更易把握住成功的机会。

一、面容的修饰

1. 基础清洁

俗话说“脸要常洗，衣要勤换”，面容是人体暴露在外面时间最长的部位，最易受到外界的污染，因此保持脸部清洁是每天的必做功课，是仪容美的关键。首先，要勤于洗脸，早晚各一次，遇运动出汗或者室外灰尘污染等情况均要及时清洁脸和脖子。其次，洗脸时尤其要注意清洁眼角、口角以及鼻孔的分泌物。再者，口腔的清洁也很重要，应养成早晚刷牙，饭后漱口的好习惯；在商务场合应避免吃大蒜、榴莲等刺激性气味的食物，以免在与人交谈时口气太重，给人带来不适感。另外，还要注意勤洗头、勤洗澡，特别是脸、脖、手、脚的卫生死角，避免身体发肤散发异味，指甲毛发胡须也要勤于修剪。每天做好基础的清洁工作，能给人以清爽整洁之感，提升人际沟通的成功率。

2．美丽妆容

“云想衣裳花想容”，爱美是女性的天性。适度化妆，不仅可以扬长避短增添女性的自信，还可以让女性把最佳状态呈现在职场，散发出职业女性的魅力。因此，从礼仪的角度来说，社交场合的化妆，是对交往对象的尊重；公务场合的化妆是工作的需要，是敬业的表现。

中国人标准的脸型是椭圆脸。这种脸型的面部比例可以称为“三庭五眼”，是人的脸长与脸宽以及面部器官布局的标准比例，如下图所示。

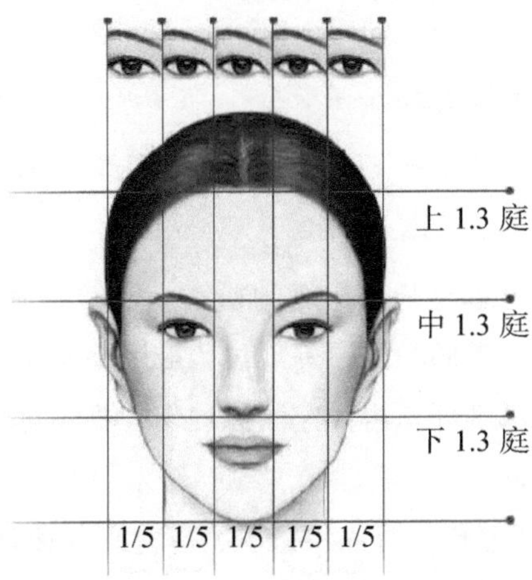

图2-1-1-1　标准脸

所谓“五官端正”就是指面部符合“三庭五眼”的比例要求。女性在化妆前应该充分了解自己的面部特征，在化妆时运用一定的技巧进行调整和弥补，如额部较长，鼻部较短，可将眉毛画得向上高挑些，以产生额部变短的感觉，在视觉上修正比例。

菱形脸

圆形脸

椭圆形脸

梨形脸

长形脸

四方形脸

倒三角形脸

图2-1-1-2　主要脸型

无论是清新淡雅的工作妆（日妆）还是稍浓的社交妆（晚妆），都可遵照以下的化妆步骤进行：

步骤一：做清洁。首先要正确判断自己的肤质，选用适合自己肤质的洁面乳将脸彻底洗净，然后涂拍化妆水或者润肤露，最后涂好隔离霜，在皮肤与化妆品之间形成保护层并修正肤色。

表2-1-1-1 不同肤质及特征

肤质	特 征
中性肤质	皮肤细腻而有弹性，不干也不油腻，对外界刺激不敏感
干性肤质	皮肤细腻，但在换季时易变得干燥，有脱皮现象，容易生成皱纹、红斑及斑点，很少长粉刺和暗疮
油性肤质	面部经常油亮亮的，毛孔粗大，肤质粗糙，皮质厚且易生暗疮、粉刺，但不易产生皱纹
混合性肤质	面孔“T”字形部位有油光，易长粉刺；其余部分则干燥，不易长粉刺
敏感性肤质	皮肤较薄，缺乏弹性；毛细血管浅，容易破裂形成小红丝；皮肤受到刺激后会发红，易起小丘疹

步骤二：打粉底。选用色彩与肤色相近的粉底霜或粉底液，用化妆棉或者手指蘸取，先后点在额头、脸颊、鼻子、唇周和下颌等部位，采用快速印按（或轻拍）的手法，由上至下，依次将粉底在整个面部散开，再快速涂抹均匀，要注意脸部和脖子颜色一致，过渡自然。

步骤三：描眉型。首先要修眉，可以用镊子、眉剪或者修眉刀去除过长、多余的眉毛，再用与自己头发颜色接近的眉笔反复多次轻描眉毛，再用眉粉调整眉毛的整体颜色。从眉头至眉峰，颜色要由淡至浓；从眉峰向眉尾，颜色又要逐渐淡化，直至自然消失在眉尾。最终描出的理想眉形应该是眉头、内眼角在一条直线上，眉梢、外眼角、鼻翼外侧点在一条直线上，眉峰在眉毛 2/3 处。还应根据脸型选择适合自己的眉型，如圆脸形的女性更适合眉峰吊起来有点角度的眉毛，让脸型更有棱角；方脸形的女性则适宜平缓自然的眉形，给人柔和之感。

图2-1-1-3 打粉底

图2-1-1-4 描眉型

步骤四：施眼影。先在眼睑适当的部位扫上眼影。可以选择与肤色、服装颜色或唇膏色相协调的眼影色。化工作妆时选用浅咖啡色的眼影效果较好，过分鲜艳的眼影一般仅适用于晚妆。施眼影时，要有层次感，由浅而深。然后用眼线笔描眼线，眼线要紧贴眼睫毛，画上眼线时从内眼角往外眼角画，画下眼线时从外眼角往内眼角画一半即可，切不可画成一个熊猫眼。最后涂上睫毛膏，强化眼部妆容，增强面部的立体感。

步骤五：上腮红。腮红能够增强脸部的健康感和立体感。选择适合自己肤色的腮红，用腮红刷轻轻刷在脸颊上。长脸形的人可以从外颧骨向鼻子方向横向轻刷，在视觉上将面部拉宽、截短；宽脸形的人可以从外颧骨向脸内侧斜下方轻刷，在视觉上将面部收紧、拉长。

图2-1-1-5　上腮红

步骤六：涂唇彩。先用比唇膏颜色稍深的唇线笔描绘好唇形，再选择色彩合适的唇膏从嘴唇两侧向中间涂抹均匀，涂完后双唇轻抿几下，然后用纸巾吸去多余的唇膏。最后用唇彩在唇中央轻点几下，使嘴唇更富光泽。注意不要将口红沾在牙齿上。

为了使妆容保持更长久，可以扑蜜粉固定妆容。修饰完毕，还可以视场合使用和化妆品香型大体一致的香水喷抹在手腕上，或者擦在耳后及手肘、膝盖内侧等处。香水以清新淡雅为宜，气味过浓的香水请勿在工作场合使用。化妆均要遵循“协调”和“避人”原则，女士绝不能当众化妆或补妆。晚上睡觉前一定要做好卸妆工作，让皮肤充分休息。平时要保障充足的睡眠和健康饮食，并适当运动，这样才能让脸色保持健康红润。

二、发型的设计

头发是构成仪容的重要部分，恰当的发型能使人容光焕发、充满朝气。发型应该适合自己的脸型、体型、年龄、气质，同时也要适合自己的职业特点。

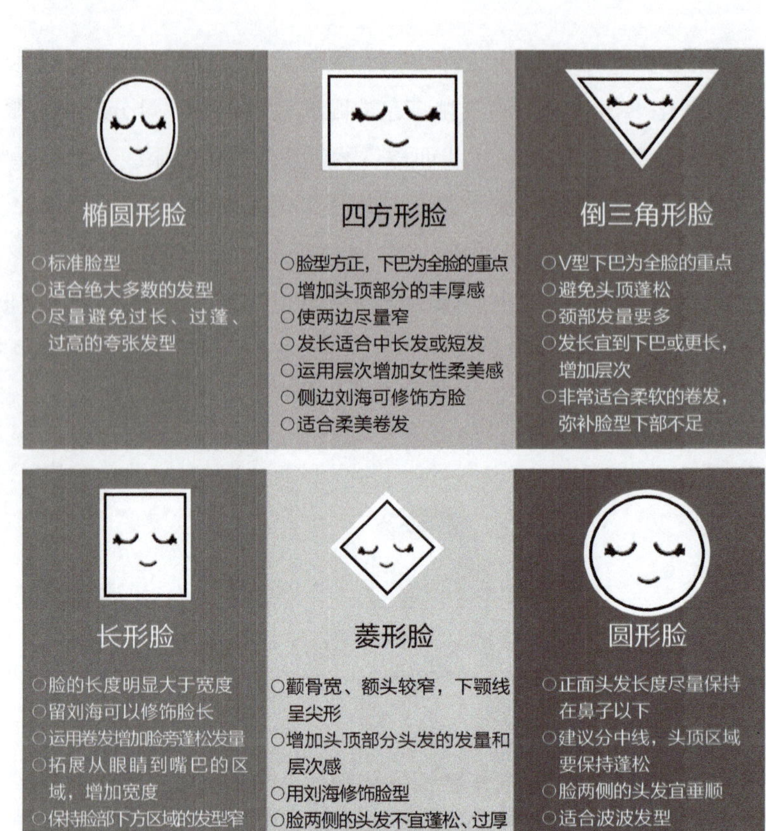

图2-1-1-6 发型的设计

商务场合，女士发型要求整洁利落、端庄大方，刘海长度以不遮挡眼睛为宜。隆重或庄重的场合，以不过肩的发型（如短发、盘发）更为正式。女性发型多变，可以根据自己的脸型选择适合自己的发型。

职场男性的头发长度以5～7厘米为宜，不能过短、剃成光头;也不宜留长发、大鬓角，否则易给人留下萎靡不振、办事拖沓的不良印象。基本要求是：前发不覆额、不遮眉，侧发不掩耳，后发不及领。根据自己的脸型，方脸形男性最好采用不对称发缝，不要理寸头；长脸形男性头发宜稍长；圆脸形男性可选择侧分头缝，顶发适当隆起。

女士可视发质每3～5天洗一次头，男士则最好每天清洗头发、刮须净面。只要平时做好清洁、保养和梳理工作，则可做到头发无头屑、无油垢、不凌乱，凸显健康美。

实操实训

1. 女生购买整套化妆品及化妆工具，按步骤学习化妆技巧。
2. 男女生都为自己设计并去修剪一个适合工作场合的发型。

完成任务

回到任务“应聘前的准备”场景中。

地点：肖佳家中

人物：肖佳

任务：打造适合应聘的妆容和发型

注意：1. 做好身体各项清洁准备工作。

2. 对妆容和发型的细节把握。

3. 教师及时点评。

实训任务操作表

序号	步　骤	操作说明	要　求
1	判断自己的脸型，拿出自备的化妆品和化妆工具，学化工作妆	（1）女生可以一对一进行 （2）男生观摩即可	（1）妆容自然 （2）扬长避短 （3）符合工作场合要求
2	判断自己的脸型，梳理适合工作场合的发型	（1）女生可以一对一进行 （2）男生可自己照镜子完成或观摩	（1）精神大方 （2）适合个人脸型 （3）符合工作场合要求

巩固拓展

【巩固训练】

陈浩来自黑龙江，身材高大，体型偏胖。七月份刚来到广东工作，他就难以适应这边湿热的天气，在公司经常把西装裤脚卷起来，衬衣扣子几乎都解开来，一头乌黑的头发也被他剃成了光头，还经常不洗澡，身上充满“男人味”。同事们对不修边幅的他倒是不好意思说什么，原本非常看好他的部门经理却暗自摇摇头，偷偷把他的名字从下周的一个重要会议的名册上划掉了……

1. 陈浩为什么被部门经理取消了出席重要会议的资格？

2. 如果你是陈浩，你该怎么改变自己？

【能力拓展】

秘书张小云青春靓丽，同事们都非常喜欢她。因此，她越来越重视自己的容貌，经常在办公室拿出镜子左照右照，拨弄她飘逸的长发。最后，领导把她调离了秘书工作岗位，调去后勤部门。你知道这是什么原因吗？

任务评价

实训任务评价表

评价维度	A	B	C	个人评价	小组评价	教师评价
能力达成	完全清楚自己的脸型，能自己化妆、梳理简单发型	不很清楚自己的脸型，但能化简单的妆容、梳理简单的发型	完全不清楚自己的脸型，没有掌握化妆和梳理发型技巧			
知识掌握	掌握仪容礼仪知识90%以上	掌握仪容礼仪知识60%左右	掌握仪容礼仪知识30%左右			
学习态度	任务过程中精力集中，全身心投入	主要任务环节认真投入，基本完成任务	能参与任务过程，但缺乏主动性			

任务二 仪表礼仪训练 Task 2

任务指要

【任务目标】

1. 掌握仪表礼仪的一般知识。
2. 能根据不同场合熟练地选择得体的服装和配饰。

【任务要点】

本节主要介绍个人仪表修饰的重点及技巧，引导学生学会在不同场合选择合适得体的服装和配饰。

【任务重点】

能根据不同场合熟练地选择得体的服装和配饰。

感知体验

约翰·摩劳斯曾做过一个实验：他在纽约市联合国总部安排了一位演员，让这个演员向100名秘书下达同样的命令：为他打印一份文件。在前50个秘书面前，这位演员穿着黑色破皮鞋，鞋上缀着硕大的银鞋扣，穿着俗不可耐的青绿色西装，系着印花棉布领带。结果只有12人接受他的命令。而出现在后50个秘书面前的这位演员，身着价格昂贵的蓝西装、白衬衣，系着丝质圆点花领带，脚穿哥多华翼形尖头皮鞋，发型时髦。其结果是有42位秘书接受了命令。

【思考练习】

1. 为什么同一个人先后穿着不同，他说话所起的作用就不同呢？
2. 这个实验告诉我们什么道理？

【明确】

1. 俗话说“人靠衣装，佛靠金装”，人们身上所穿的衣服，不但能够起到保暖遮羞的作用，更是身份品位的标志和象征。一个人穿不同的衣服，会给工作交往对象留下完全不同的印象。当人们通过观察在头脑中对所谓的“领导”形成了不良印象，便会对其话语的可信度产生怀疑，进而影响到对其任务安排的实际执行力。当一个形象邋遢的“领导”和一个衣着一丝不苟的“领导”同时下达命令的时候，二者给下属的震慑力是完全不同的。这个实验告诉我们服饰对于个人形象塑造具有重要作用。

进入任务

不能升职的烦恼

林凡毕业后就到一家合资企业担任总经理秘书。在三年的工作中，她责任心强，能力突出，从没有过失误。最近，公司将要从几名秘书中提拔一名担任经理助理。林凡暗自比照自己的条件，满以为非她莫属，未曾想，总经理提拔了另一名容貌、能力均不如她的小陈。她闷闷不乐了很久，后来从她的同事口中得知，原来是因为她的仪表出了问题。

如果你是林凡，你会怎样改变自己的衣着风格？

【任务分析】

针对林凡工作职位的要求，她应特别注意衣着得体，因为她自身的形象就代表了公司的形象，所以完成任务应做到以下两点：

1. 掌握仪表礼仪的相关知识。
2. 学习职场服饰搭配技巧。

【相关知识】

仪表是指人的外表，是一个人的外部形象，包括形体、容貌、姿态、举止、风度、服饰等方面，这里主要指人的服饰。服饰是一种文化，它能够反映一个国家、一个民族的经济水平、文化素养、文明程度，也能反映一个人的社会地位、文化品位、审美意识以及生活态度等。“人靠衣装马靠鞍”，正确得体的着装能充分展现个人魅力，“三分长相，七分打扮”很好地诠释了注重服饰礼仪对个人形象塑造的重要作用。

一、着装原则

1．和谐原则

服饰的个性化是一个人综合素质的反映。同一件衣服穿在不同的人身上，会呈现出完全不同的效果，这是因为穿着者的个体风貌会构成服饰表现的极大差异，因此着装要与个体协调。服饰符合个人的性别、年龄、体型、肤色、气质、职业等因素，才能穿出最佳效果，得体和谐。人的体型各异，以下是几种常见体型：

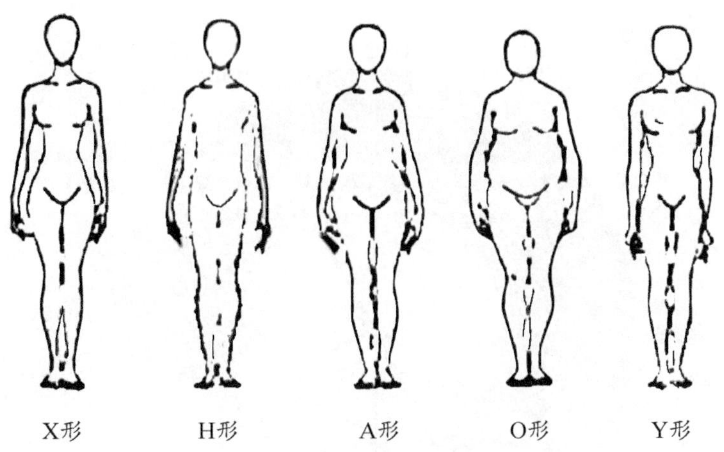

图2-1-2-1　常见体型

条件允许的情况下，可量身定制，扬长避短。肥胖脖短者适宜穿着V字领、竖条纹、深色（收缩色）的服装，不宜穿着大花、横条纹、设计繁复的亮色（扩张色）服装；瘦长者则与之相反。过胖过瘦者都不适宜穿着紧身衣服，会凸显身材的缺陷。

2．TOP原则

国际上遵循的着装原则是TOP原则。TOP是英文Time（时间）、Occasion（场合）、Place（地点）三个单词的缩写。TOP原则要求着装时应兼顾时间、场合、地点这三个要素。

时间要素一般包含三个含义：一是指一天中时间的变化，二是指一年四季的不同，三是指时代的差异。穿衣要因时制宜，如大热天穿毛衣和大冬天穿背心都会让人觉得不合时宜。

考虑地点要素即指着装要与环境协调，不看环境不分地点胡乱穿戴，必会招人侧目。如穿着宽松睡衣招摇过市，穿着紧身衣裙郊游登山，穿着T恤牛仔参加严肃会议等，都是极不适宜的。

考虑场合要素是指服饰要与穿着场合的气氛和谐。一般应在事先有针对性地了解活动的内容和参加人员的情况，根据经验设计、挑选合乎场合气氛的服饰。例如：参加庆典，要穿得正式、端庄；参加晚会，要穿得华丽、漂亮；参加吊唁，要穿得庄重、沉稳；参加婚礼，要穿得喜庆、鲜艳。在众多的社会活动场合中，仪表、言行必须符合个人的身份、地位、社会角色等，你才能被人理解，被人接受。

3．服装色彩搭配原则

服装给人的第一印象是色彩。服装配色是衣着美的重要环节。服装色彩搭配得当，可使人显得端庄优雅、风姿绰约；搭配不当，则会使你的穿着显得不伦不类、俗不可耐。要巧妙地利用服装色彩的神奇魔力，就要先掌握服装配色的基本原理。

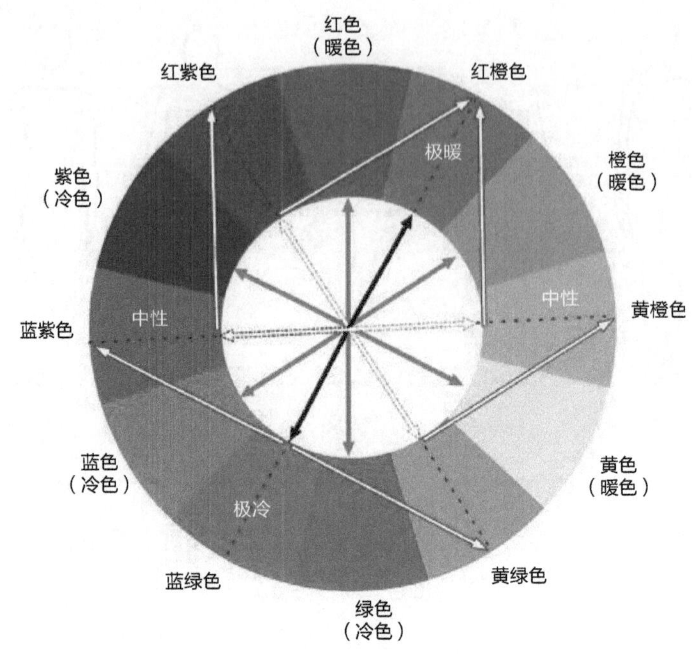

图2-1-2-2 色彩的冷暖

服装色彩的搭配原理，一般分为以下四种：

（1）同色搭配。这是一种简单易行的配色方法。即把同一色相、明度接近的色彩搭配起来，如深红与浅红搭配、深绿与浅绿搭配、深灰与浅灰等搭配。这样搭配的服装，可以产生一种和谐、自然的色彩美。

（2）邻色搭配。把色谱上相近的色彩搭配起来，易收到调和的效果，如红与黄、橙与黄、蓝与绿等色的配合。邻色搭配最好明度和纯度错开搭配，例如深蓝与浅绿搭配，中橙和淡黄搭配。

（3）主色调搭配。以一种主色调为基础色，再配上一二种或几种次要色，使整个服饰的色彩主次分明、相得益彰。一般来说，男性服装不宜有过多的颜色变化，以不超过 3 种颜色为宜；女性常用的各种花型面料，色彩也不宜过多，否则易显得俗气。

（4）对比色搭配。可采用黑白、红绿、黄紫、蓝橙对比搭配。对比色彩，既有相互对抗的一面，又有互相依存的一面，在吸引人或刺激人的视觉感官的同时，产生出强烈的审美效果。但红绿是强烈的对比色，搭配时要注意协调。

除了做好服装色彩的搭配外，根据自己的肤色选择合适的服装色彩也是不可忽视的一项工作。根据国际流行的四季色彩理论，人的皮肤和自然界一样，可以分为春、夏、秋、冬四大类，这四类人分别适合各自不同的色彩组。可按照以下步骤判断自己所属类型，然后选择适合自己的色彩。

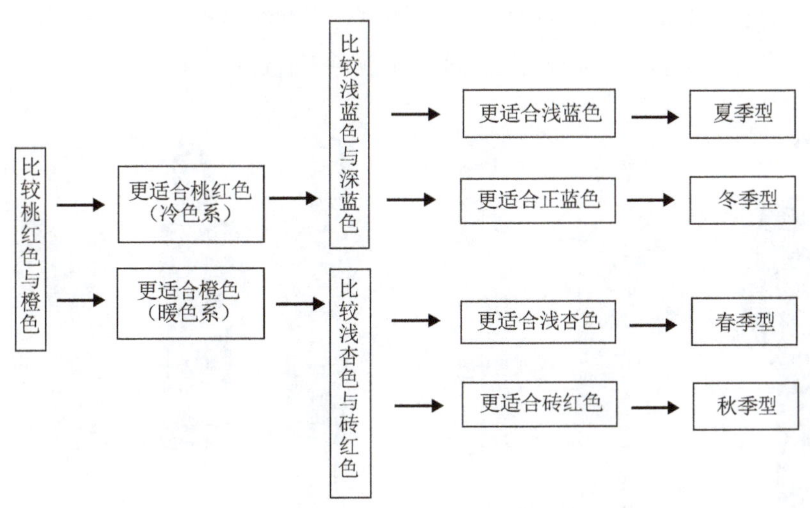

图2-1-2-3 区分皮肤四季属性的步骤

春季型肤色适合春天的典型色彩，如黄绿色；秋季型肤色适合秋季的典型颜色，如橙色。这两种类型的肤色均适合暖色系。夏、冬季型肤色也分别适合夏天、冬天的典型色彩，这两种类型的人均适合冷色系。

表2-1-2-1 皮肤的四季属性与色彩的搭配

四季属性	适合颜色
春季属性（暖色系）	绿黄、鲑鱼、亮黄、浅棕、杏色
夏季属性（冷色系）	粉蓝绿、粉红、银灰、粉蓝、灰蓝
秋季属性（暖色系）	橄榄绿、橙色、金色、褐色系、砖红
冬季属性（冷色系）	正绿、桃红、银灰、纯黑、正蓝

二、着装技巧

1. 正式场合

正式场合指正规严肃的工作场合，如重要的会议、签约谈判、求职面试等场合。

男士通常着严谨的深蓝色和深灰色西服套装系列，上下装颜色统一，面料精致；西服套装内搭配正装衬衫和端庄素雅的领带，衬衫袖长为屈肘时露出西服袖口 1 ~ 2 厘米为宜；穿经典款式黑色皮鞋及黑色或与西服同色系的深色袜子。刚买来的西装如果袖口上缝有商标，应将商标拆除后再穿。

女士通常着正装套裙或西裤，依照欧洲惯例，套裙比套裤更为正式。女士套装常采用深蓝色、深灰色、炭黑色、茶褐色，套装上衣可搭配衬衣，以丝巾、胸针、领花点缀增色，体现个人特色；套裙长度最好在膝盖上下 3 厘米左右为宜，必须穿与套裙相配的丝袜，丝袜不破损、不脱丝、不露袜口，以肉色或黑色为宜，搭配经典式样的高跟皮鞋。

不管男士还是女士套装，均应注意全身上下颜色不宜超过三种。

图2-1-2-4　正式场合着装示例

2. 半正式场合

半正式场合是指无重大活动、无重要严肃事务的日常工作场合。

男士可以穿不太正式的西服上衣，搭配款式休闲时尚的衬衣，不系领带亦可，搭配不同面料和颜色的西裤。

女士可以用偏职业的上装搭配经典款式的连衣裙或短裙，也可以用职业套装下装搭配针织衫或衬衫，整体造型仍要偏重简洁干练。

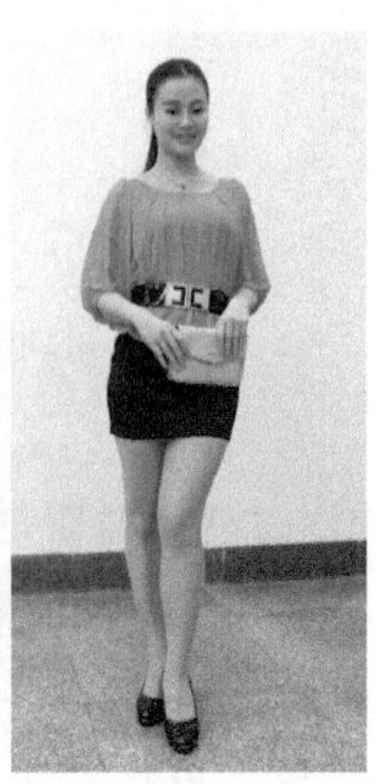

图2-1-2-5　半正式场合着装示例

3．休闲、运动场合

休闲、运动场合着装可不拘一格，可随意挑选舒适、心仪、时尚、轻松的服装面料和款式，合身得体即可。

4．庆典、丧葬场合

隆重的场合，适宜穿着礼服。如庆典，男士可以穿正式的晚礼服如燕尾服，也可以穿深色西服套装或中山装；女士可以穿西式晚礼服（露肩长裙式）或中式长旗袍。而肃穆的丧葬场合，男士则应穿着黑色套装，系素色黑领带，女士应穿着黑白色调的套装，杜绝艳丽花哨的穿着打扮，以示尊重。

西式礼服

中式礼服

图2-1-2-6　西式礼服与中式礼服示例

三、配饰技巧

职业套装往往款式较单一，如何在职场中脱颖而出，给人以深刻印象呢？对男士而言，领带就是“点睛之笔”；对女士而言，精致的胸针、领花、丝巾是必不可少的增添个人魅力的配饰。

1．领带、丝巾

领带被称为西装的灵魂。领带的选择要注意和衬衫、西装和谐统一。搭配素净西装的领带要华丽点，搭配华丽西装的领带则要素净点。西装和领带的花纹不要重复，与衬衣的颜色也不宜重复。领带最好是丝质，大小适中，打好领带，以尖端正好触及皮带上边为宜。领带的常见打法有以下几种。

（1）四手结：四手结是所有领结中最容易上手的，通过四个步骤就能完成打结，故名为“四手结”。它是最便捷的领带系法，适合宽度较窄的领带，可搭配窄领衬衫，风格休闲，适用于普通场合。

图2-1-2-7 四手结

（2）温莎结：因温莎公爵而得名的领带结，是最正统的领带打法。打出的领带结呈正三角形，饱满有力，适合搭配宽领衬衫。该集结应多往横向发展。应避免材质过厚的领带，集结也勿打得过大。要诀：宽边先预留较长的空间，绕带时的松、紧会影响领带结的大小。

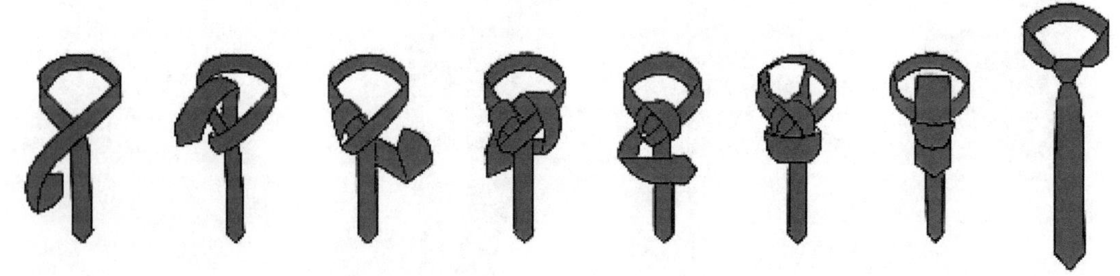

图2-1-2-8 温莎结

（3）半温莎结（十字结）：最适合搭配尖领及标准式领口系列衬衣。半温莎结是一个形状对称的领带结，它比温莎结小。看似很多步骤，做起来却不难，系好后的领带结通常位置很正。要诀：使用细款领带较容易上手，适合不经常打领带的人。

图2-1-2-9 半温莎结

丝巾是女士的必备饰品。不同材质、不同花色、不同款式的丝巾，可以搭配不同款式的服装。丝巾的系法灵活多样。

1. 丝巾折成合适宽度，围在脖子上系一个单结。

2. 系成小巧的蝴蝶结即可。

图2-1-2-10　小蝴蝶结

1. 将丝巾折成百褶状。

2. 将百褶状的丝巾绕在脖子上。

3. 系一个活结，两端整理好，成花冠形状。

图2-1-2-11　花冠结

1. 将小方巾对折。

2. 折成合适的宽度。

3. 围在脖子上系一个活结。

4. 再系一活结，成为平结，整理好即可。

图2-1-2-12　小平结

1. 丝巾折成合适的宽度，挂在脖子上，长的一端放在下面。

2. 长的一端包住短的一端绕一圈形成结眼。

3. 长的一端由内至外从脖子前面的环穿出来。

4. 塞进结眼，整理好即可。

图2-1-2-13　小领带结

1. 将丝巾折至合适的宽度围上脖子，一端长一端短。

2. 将长的一端绕过短的一端，向上拉出一半，形成一个环。

3. 将两个丝巾角一起穿过预留的环，调整好结的形状即可。

图2-1-2-14　金鱼结

2．手表、首饰

手表在用来计时的同时也是一种装饰品。手表的款式风格多样，简洁典雅款可搭配职业套装，硬朗休闲款则可搭配运动装，手链款则适合女性佩戴。

在工作场合中，每只手最多只能戴一枚戒指。男士不适宜佩戴耳环及项链；女士佩戴的首饰宜少不宜多，在戒指、耳环、项链、手镯、手链、胸针当中选择三种，首饰种类不要超过三种。

实操实训

1．阅览《瑞丽》等时尚杂志，学习服饰礼仪知识。

2．搜集你满意的职业套装、精致配饰的图片。

3．学习丝巾的各种打法，使之成为常用配饰。

完成任务

回到任务“不能升职的烦恼”场景中。

地点：林凡家中

人物：林凡

任务：打造得体的职业形象

注意：1．找准企业形象和流行服饰的切合点，提出服装搭配建议。

2．穿着得体的职业套装，利用饰品点缀。

3．教师及时点评。

实训任务操作表

序号	步　骤	操作说明	要　求
1	扮演林凡（男），描述其穿着；准备好领带，学习打各种领带的方法	同桌一对一训练	（1）能遵照着装原则，正确得体着装 （2）至少学会一种系领带的方法
2	扮演林凡（女），描述其穿着；准备好丝巾，学习打各种丝巾的方法	同桌一对一训练	（1）能遵照着装原则，正确得体着装 （2）至少学会一种系丝巾的方法

巩固拓展

【巩固训练】

丁俊出差到北京谈一桩重要生意，他在一家高档西餐厅宴请合作伙伴。风尘仆仆的他来不及更换服装就穿着被汗水湿透的衬衣，松着领带直接跑进了餐厅。在众人诧异的眼光中，他不自然地来到预订的餐桌边，刚开口做自我介绍，合作伙伴就拿起手提包借口有其他事情离开了……

丁俊这单生意能谈成功吗？为什么？

【能力拓展】

下班了，秘书黄莉还在忙着手头的工作。突然，她想起今天要出席一位部门领导的母亲的葬礼。于是，她赶紧关了电脑，拿起皮包就赶去吊唁。当她出现在殡仪馆门口的时候，领导家属的脸色异常难看。她正纳闷，低头一看，自己今天居然穿了件暗红色裙子，顿时无地自容。

你知道黄莉为什么难堪吗？

任务评价

实训任务评价表

评价维度	A	B	C	个人评价	小组评价	教师评价
能力达成	完全掌握着装技巧，懂得领带或丝巾的多种系法	掌握大部分着装技巧，懂得领带或丝巾的一两种系法	粗略掌握着装技巧，未学会基本的领带或丝巾系法			
知识掌握	掌握仪表礼仪知识90%以上	掌握仪表礼仪知识60%左右	掌握仪表礼仪知识30%左右			
学习态度	任务过程中精力集中，全身心投入	主要任务环节认真投入，任务基本完成	能参与任务过程，但缺乏主动性			

任务三 仪态礼仪训练 Task 3

任务指要

【任务目标】

1. 掌握仪态礼仪的一般知识。
2. 懂得坐、立、行、蹲及手势、表情的规范技巧及内涵。

【任务要点】

本节介绍了坐、立、行、蹲的技巧，具体阐述了手势表情的内在涵义，让学生在情景训练中学会判断对错，在日常生活中能时刻保持得体大方的行为举止。

【任务重点】

能熟练进行坐、立、行、蹲各种姿势的转换，擅用手势表情传情达意。

感知体验

孟子的妻子在房间里休息，因为是独自一个人，便无所顾忌地将两腿叉开坐着。这时，孟子推门进来，一看见妻子这样坐着，非常生气。原来，古人称这种双腿向前叉开坐为“箕踞”，“箕踞向人”是非常不礼貌的。孟子一声不吭走了出去，看到孟母，便说：“我要把妻子休回娘家去。”孟母问他：“这是为什么？”孟子说：“她既不懂礼貌，又没有仪态。”孟母又问：“你因为什么而认为她没礼貌呢？”“她双腿叉开坐着，箕踞向人，所以我要休她。”孟子回道。“那你又是如何知道的呢？”孟母问。孟子便把刚才的一幕说给孟母听，孟母听完后说：“这样说没礼貌的人应该是你，而不是你妻子。难道你忘了《礼记》上是怎么教人的？进屋前，要先问一下里面是谁；上厅堂时，要高声说话；为避免看见别人的隐私，进房后，眼睛应向下看。你想想，卧室是休息的地方，你不出声、不低头就闯了进去，已经先失了礼，怎么能责备别人没礼貌呢？没礼貌的人是你自己呀！”一席话说得孟子心服口服，再也没提什么休妻子回娘家的话了。

【思考练习】

1. 孟子为何要休妻？
2. 这个故事告诉我们什么道理？

【明确】

1. 俗话说："坐有坐相，站有站相。"中国是礼仪之邦，古人唯一正规的坐姿是跪坐，跪坐是对对方表示尊重的坐姿，也叫正坐。姿势为席地而坐，臀部放于脚踝，上身挺直，双手规矩地放于膝上，气质端庄，目不斜视。有时为了表达说话的郑重，臀部离开脚跟，这叫长跪，也叫起。孟子依据当时的礼仪认为妻子的举止不当，所以才要休妻，但并未意识到自己也有不当之处。

2. 这个故事从侧面告诉我们要重视仪态礼仪，懂礼仪方能不失礼。"亚圣"孟子成就卓越，离不开孟母对他的谆谆教导，"孟母三迁""孟母断织"等故事便是流传千古的佳话。即使孟子成年娶妻后，孟母仍不断用对家庭琐事的处理去启发、教育他，帮助他从各方面进一步完善人格。我们应该重视中华民族优良传统的传承，学习仪态礼仪，让行为举止更得当！

进入任务

微笑的力量

向容刚刚升职成为一家星级酒店中餐部经理。今天是周末，吃饭的客人特别多，她正忙得不可开交。服务员小超焦急地找到她，告知由于给客人上错菜了，客人正发脾气呢！她赶紧过去，用自己的处理方式很快平息了顾客的怒气。你知道她是怎么处理的吗？原来向容来到这桌客人身边，首先就低头鞠了个躬，然后面带微笑说："非常抱歉，由于我们的工作疏忽给您造成了不便。不过这道菜是我们酒店的招牌菜，味道很不错的。如果您不介意的话，我们酒店赠送您这道菜，请您品尝一下！"客人难以拒绝向容真挚的歉意，于是同意品尝，并且说："既然菜已经上了，我们就当尝个鲜，一块算在账上吧！"向容把招牌菜端到客人面前，用手示意顾客用餐，又微笑着说："谢谢您！祝您用餐愉快！"一场危机就此化解。

【任务分析】

作为一名服务行业的人员，"顾客就是上帝"这是心中必须具有的观念，那怎么能让顾客感觉到自己就是上帝呢？服务人员是彬彬有礼还是咄咄逼人，效果大相径庭。因此，向容应该展现的是良好的综合素质。

1. 掌握仪态礼仪的相关知识。

2. 运用真诚微笑沟通的技巧。

【相关知识】

仪态是指人在行为中的姿态和风度，主要包括身体姿态、手势和表情。一个人的举手投足、一颦一笑往往是其内在涵养、知识能力的外在呈现。优雅的举止、潇洒的风度，体现出仪态之美，它能帮助我们获得他人的信任，建立良好的人际关系；相反，行为粗陋鄙俗的人则往往让人敬而远之。

每个人都应站有站相，坐有坐态，走有走姿。优雅举止可从古人提出的“站如松，坐如钟，行如风”姿态范式开始。

一、站姿——“站如松”

站立是人们生活交往中的一种最基本的举止。良好的站姿，是优雅举止的基础。古人主张“站如松”，也就是说良好的站立姿势应给人一种挺、直、高的感觉。男士要求站得刚毅洒脱，女士则应秀雅优美、亭亭玉立。

1. 基本站姿

表2-1-3-1　基本站姿要求及示例

站姿重点	具体要求	图　例
头正	双目平视，嘴唇微闭，下颌微收，面容平和自然	
肩平	双肩放松，稍向下沉，人有向上的感觉	
臂垂	双臂放松，双手自然下垂于体侧，中指贴拢裤缝	
胸挺	躯干挺直，挺胸，收腹，立腰	
腿拢	双腿立直、并拢，脚跟相靠，两脚尖张开约60°，身体重心落于两脚正中	

2. 站姿变化

表2-1-3-2　不同站姿要求及示例

站　姿	要　求	图　例
女士“丁”字步站姿	女士可采取前搭手式站姿。左手搭在右手上，自然贴于腹部，身体立直，右脚略向前靠在左脚上成“丁”字步，重心平均置于两脚上，也可置于一只脚上。可通过重心的转移减轻疲劳，亦更显女性的优雅	

续表

站　姿	要　求	图　例
男士后背手式站姿、前握手式站姿	男士可采取后背手式站姿。要求身体立直，两手在身后相搭，贴于臀部，两脚跟紧贴，两脚尖呈45°。亦可两腿分开，双脚平行，比肩宽略窄些。 男士还可采取前握手式站姿。要求双手在前，一手握住另一手手背，双臂自然下垂，脚步姿势不变	
持物站姿	手中持物时，可采取标准站姿，所持之物紧贴身体	

3. 不当站姿

站立时不要歪脖、驼背、叉腰、屈腿。在正式场合不要将手插在裤袋里或抱臂，不要将身体歪倚在桌凳等外物上，更不要下意识地做些小动作，否则有失仪态的庄重，而且会使你显得拘谨，缺乏自信。

二、坐姿——“坐如钟”

坐是举止的主要内容之一，古人主张“坐如钟”，指人的坐姿像钟般端正平稳。正确规范的坐姿给人以文雅、稳重、自然大方的美感。

1. 入座离座

入座时动作要轻、稳、缓。走到座位前，缓慢转身后，从座位左侧轻稳入座。女士入座时，若着裙装，应先轻拢裙摆，后退入座。坐下后不宜直接坐在椅子上移动位置，如果椅子位置不合适，应先将椅子轻轻移至合适的位置，再入座，切忌拖拉椅子发出尖锐刺耳的声音。坐下后不宜再起立整理衣裙或直接拖曳衣裙，否则有失娴静庄重。

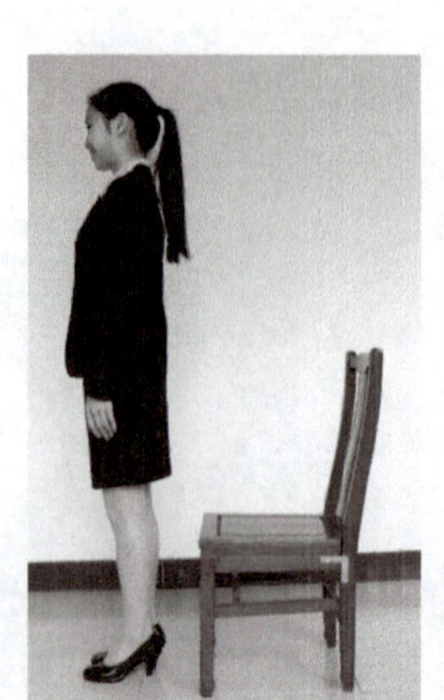
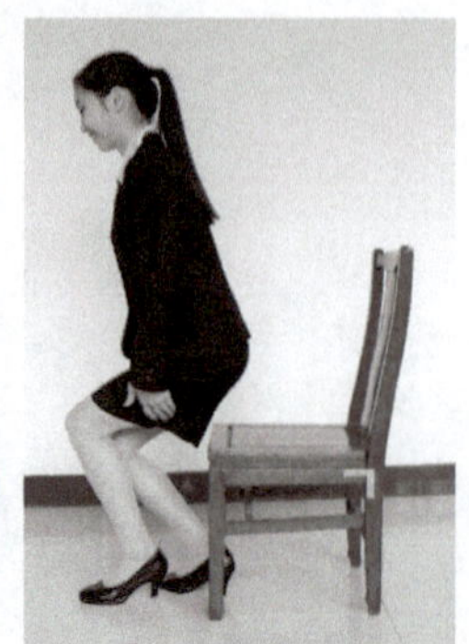
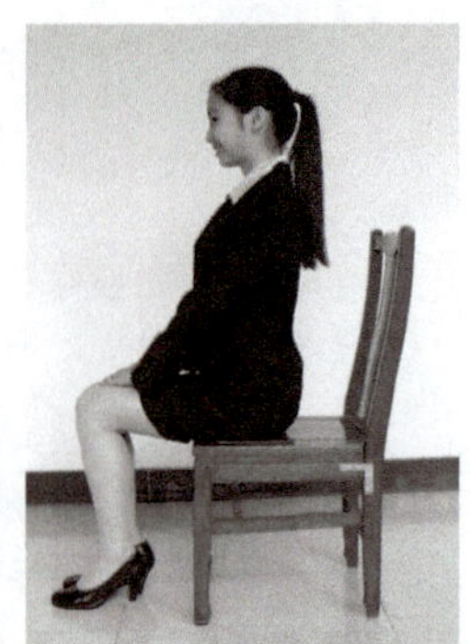

图2-1-3-1 女士入座

离座时动作同样要轻、稳、缓。右脚向后收半步，而后站起，从座位左侧离开。在正式场合，从座位的左侧入座、离座方符合礼仪规范。

2. 基本坐姿

基本坐姿亦称为“垂直式坐姿”。

表2-1-3-3 垂直式坐姿要求及示例

坐姿重点	具体要求	图 例
头部	双目平视，嘴唇微闭，下颌微收，面容平和自然	
上身	立腰、挺胸、肩平、身直。谈话时应根据交谈者方位，将上体双膝侧转向交谈者，保持上身挺直	
双臂	双臂自然弯曲，双手掌心向下。女士双手叠放于腿上；男士双手可自然放置在双膝上，也可放置于椅子或沙发扶手上	
膝、脚	女士双膝自然并拢，双腿正放并垂直于地面，双脚并拢。男士可双腿分开，不超肩宽，双脚平行	
坐态	至少坐满椅子的2/3，宽座沙发则至少坐1/2。落座后至少10分钟方可轻靠椅背	

3. 坐姿变化

坐姿应与环境相适应，不同场合可以采用不同的坐姿，主要的变化体现在腿部或者脚部动作。不管是哪一种坐姿，都要求保持上半身挺直，女士还要求双膝并紧，双手叠放在腿上。

表2-1-3-4　坐姿要求及示例

坐　姿	具体要求	图　例
侧点式坐姿	女士多采用此坐姿，要求：两脚同时向左放或向右放，上身可随之稍稍左倾或右倾，左肘或右肘关节支撑于扶手上	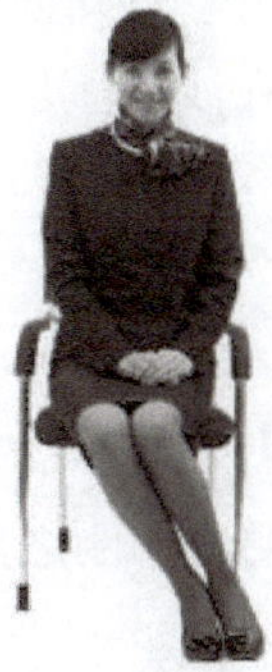
重叠式坐姿	男士多采用此坐姿，要求：一小腿垂直于地面，另一小腿在其上重叠并向里收，脚尖向下，双手扶于扶手上或交叉放于大腿上	
开关式坐姿	女士两小腿前后分开，两脚前后在一条线上；男士既可前后分开，也可左右分开，双膝并紧，双手交叠放于膝上	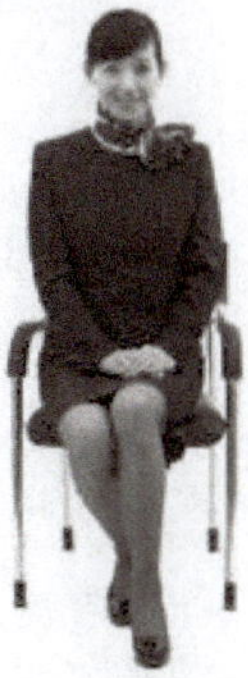
交叉式坐姿	女士多采用此坐姿，要求：两脚后缩或前伸，一脚置于另一脚上，在脚踝处交叉	

4. 不当坐姿

人们的腿脚及手部动作最影响仪态美。落座后，应避免以下不当坐姿：大跷二郎腿，两腿过于分开，双腿伸得远远的，架脚或抖脚，双手夹在腿中间，双手放在臀部下面，双臂横搭瘫坐在沙发背上，身体前倾后仰。

三、走姿——“行如风”

行走是人们生活中的主要动作之一，走姿会呈现出一种动态的美。古人主张“行如风”，是指人行走时，如风行水上，有一种轻快自然的美。男女步态有别：男子的走姿应步伐稍大，矫健有力，尽显阳刚之美；女子的走姿则应步伐略小，轻捷娴雅，尽显阴柔之美。

1. 基本走姿

图2-1-3-2 基本走姿

以端正的站姿为基础，走姿应当稳健、协调、富有节奏感。基本走姿的具体要求如下：

表2-1-3-5 基本走姿要求及示例

走姿重点	具体要求	图 例
头部	双目平视，嘴唇微闭，下颌微收，面容平和自然	
上身	抬头挺胸，双肩平稳	
双臂	手臂伸直放松，手指自然弯曲，在身体两侧自然摆动，摆幅以30°～35°为宜	
双脚	脚尖微向外或向正前方伸出，跨步均匀，富有节奏感	
步伐	步伐适当，前脚脚跟和后脚脚尖约为一只脚到一只半脚的距离，行走足迹为一条直线	

2. 走姿变化

表2-1-3-6　走姿要求

走　姿	具体要求
柳叶步	女士穿旗袍应走出女性的柔美，要求身体挺拔，胸微含，下颌微收，走路时步伐不宜过大，两脚前后走在一条直线上，脚尖略外开，成“柳叶步”
后退步	告辞时，采用“后退步”：先向后退两三步，与宾客寒暄，再转身离去，以示敬意
侧行步	在楼道、走廊等狭窄处与他人相遇，应当采用“侧行步”：两肩一前一后，身体正对他人缓步行走
步伐大小变化	步伐的大小应根据个人的身高、着装以及不同的场合而有所调整。女士在穿裙装、旗袍和高跟鞋时，步伐应小一些；相反，穿休闲长裤时步伐就可以大些。男士着西装行走时，走路的步伐可略大一些，要求身正腿直，应走出挺拔之感

3. 不当走姿

（1）身体前俯或后仰。前俯，给人感觉不够自信、没精打采。后仰，则给人感觉自大、趾高气扬。

（2）两个脚尖同时向里侧或外侧呈八字形走路，使人感觉不雅。

（3）步伐太大给人感觉急躁，步伐太小则给人感觉犹豫。

（4）双手反背于身后，给人感觉傲慢。

（5）身体乱晃乱摆，给人感觉缺少教养。

四、蹲姿——“缓而雅”

尽管下蹲的动作使用频率不高，却很能体现一个人的举止修养，稍不留意，就会出现不雅姿态。

1. 正确蹲姿

女士蹲姿一般有两种：交叉式蹲姿和高低式蹲姿。无论采用哪种蹲姿，都要将腿靠紧，臀部向下。若是着低领、短裙等易走光的衣服，还应注意用手护胸，收拢裙摆。

 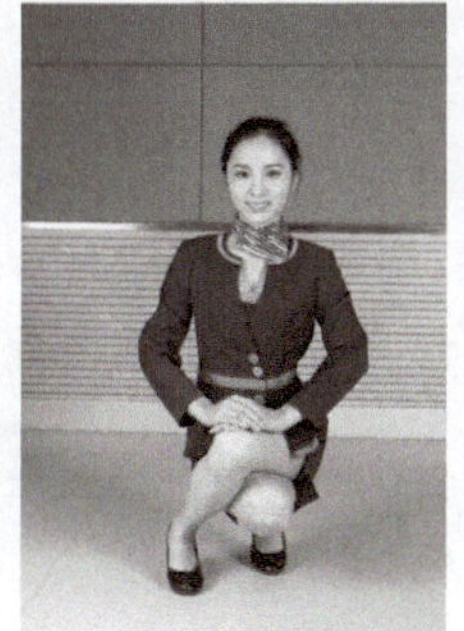  

图2-1-3-3　正确蹲姿

（1）交叉式蹲姿：女士可采用此蹲姿，既优雅又能避免走光。下蹲时右脚在前，左脚在后，两腿膝盖以上靠紧或左腿压住右腿，慢慢屈膝下蹲，臀部向下，上身稍前倾，不弓背。

（2）高低式蹲姿：下蹲时右脚在前，左脚稍后，两腿靠紧向下蹲。双膝一高一低，双脚一前一后，臀部向下，男士双腿可以稍微分开。

2. 不良蹲姿

（1）捡拾物品时，两腿叉开，臀部向后撅起。

（2）双腿平行叉开全蹲姿态，女士尤其不能在公共场合采用此种蹲姿。

五、手势表情

1. 常用手势

俗话说：心有所思，手有所指。手势是人们交往时不可缺少的动作，是最有表现力的一种“体态语言”，可以起到强化或替代有声语言的作用。例如，聋哑人可以通过手语进行交流。做手势时尽量用右手，用手掌而不用手指。具体做法是，五指并拢自然伸直，手心略微凹陷。女性可稍稍压低食指，显得优雅。当用一只手臂做手势时，另外一只手臂应自然垂在身侧，也可以置于腹前或背于身后。

表2-1-3-7　手势语动作要求及示例

手势语	动作要点	图　例
请这边走	指示行进方向。手臂抬至齐胸高，以肘关节为轴，向外侧横向摆动，手指并拢手掌伸开，指尖指向行进方向。同时微笑地看着对方，并点头示意	
请进	请人进门。站在客人侧前方，肘部弯曲，小臂与手掌呈一条直线，向外横摆指向行进方向，手臂高度在胸以下。如走在客人前方，可回身伸出手臂，由体侧向体前推，手与地面成45°，微笑示意	
请坐	请人就座。手臂由上向下斜指座位，手掌可以稍微先下后上地顿一下，也可以以肘关节为轴，手由上而下摆动，指向斜下方座位处	

续表

手势语	动作要点	图 例
您好	举手致意、问候。全身直立，目视对方，面带笑容；右手手掌伸举至肩膀以上，手臂既可曲亦可直，掌心朝向对方，指尖朝上，轻轻摆动几下手掌。举手致意要遵循一定的礼仪次序：幼者、下级。男士先向长者、上级、女士致意，对方再以同样的方式回敬	

2. 不当手势

（1）在介绍或为他人指路时用手指指指点点。

（2）在与人交流中手势过多，幅度过大，手舞足蹈。

（3）用食指指他人的脸，或在他人背后指指点点。

（4）竖中指或食指。

3. 常用表情

表情是人体语言中最为丰富的部分，是内心情感在面部的表现。在人际沟通方面，表情起着重要的作用。优雅的表情，可以给人留下良好的第一印象。构成表情的主要因素：目光和笑容。

（1）目光。树立一个良好的交际形象，目光应是坦然、亲切、友善的。在不同的场合运用不同目光。见面时，与对方目光对视或行注目礼；交谈时，与对方保持目光接触；发表讲话时，用目光扫视全场。根据国际通行的礼仪，在与人交谈时，双目注视着对方，才能表现出诚恳与尊重。而依据场合的不同，目光注视范围可分为三种，见下表。

表2-1-3-8　目光注视的类型、适合场合

种类	适用场合
公务注视	在洽谈业务、谈判等商务场合，注视以对方两眼为底线，额中为顶点形成的三角区域，给人以严肃、认真、真诚之感
社交注视	在聚会、茶话会、舞会等社交场合，注视以对方两眼为上线、唇部为下顶点所形成的倒三角区域，给人以平等、轻松、友善之感
亲密注视	亲朋好友或夫妻恋人之间的交谈，可以扩大注视的范围至对方的上半身

（2）笑容。笑容有微笑、轻笑、大笑等许多种，其中最美的笑容是微笑。微笑时通常表现为：嘴角上翘、眼含笑意、双唇可微微张开，露6～8颗牙齿。也有人认为“笑不露齿”最为美丽。微笑应自然、真诚、协调，显得亲切、温馨。切忌生硬、虚伪和勉强。

与他人交往时面带微笑，可以使对方感到亲切、热情和尊重，使自己富于魅力，同时也容易得到对方的理解和尊重。有人把微笑比作全世界通用的“货币”，因为它被全世界的人们所接受。某大公司的人事经理说：“一个拥有纯真微笑的小学毕业生，比一个脸孔冷漠的哲学博士更有用。”微笑既是一个职场人士的基本素质，也是一个公司最有效的商标，比任何广告都有利。

4. 不当表情

（1）用冷漠、呆滞、疲倦的眼神看待他人。

（2）谈话时，眼睛不看对方，将身体侧面、背面朝向对方或者左顾右盼。

（3）一直盯着对方看。

（4）上下打量对方或挤眉弄眼。

（5）斜眼、白眼、媚眼看人。

（6）假笑、“皮笑肉不笑”。

实操实训

1. 分别以五点（头、肩、臀、小腿、脚跟）靠墙、双腿夹纸、头上顶书等方式进行站姿训练。

2. 分组进行入座和离座训练，每两分钟更换一种坐姿。

3. 分组进行双肩双臂摆动训练及沿直线进行步位步伐训练，最后进行头上顶书行走训练。

4. 配合拾物，训练交叉式和高低式蹲姿。

5. 分组进行递接物品、示意、致意、引导等几种常用手势的模拟训练，注意配合礼貌的语言和恰当的表情。

6. 利用天空中的飞鸟进行目光追随练习，利用镜子进行微笑练习。

完成任务

回到任务“微笑的力量”场景中。

地点：酒店中餐部

人物：向容、小超、顾客

任务：向顾客传递专业的职业素养，用良好的仪态举止与顾客真诚沟通。

注意：1. 向容是经理，一举手一投足需注意与星级酒店形象相符。

2. 始终面带微笑。

3. 教师及时点评。

实训任务操作表

序号	步骤	操作及说明	要求
1	“坐立行蹲”各种姿势练习	（1）同桌一对一训练 （2）小组场景训练	（1）姿势正确 （2）技巧熟练 （3）大方得体
2	“手势表情”练习	（1）同桌一对一训练 （2）小组场景训练	（1）姿势正确 （2）文明有礼 （3）表情自然

巩固拓展

【巩固训练】

小林刚刚成为大企业新力电子有限公司的一名业务员。今天，是他第一天上班的日子。他好开心，一边哼着小曲一边扭动着身体走进公司。到了办公室，小林一屁股坐上了自己的办公转椅，用力地转了好几个大圈，又把脚交叉放在办公桌上抖动着，得意地环视着周围。他本以为可以看到同事们欢迎新同事的笑脸，没想到看到的却是大家鄙夷冷漠的眼神，更糟糕的是，还有上司愠怒的表情……

请指出小林行为举止不当的地方。

【能力拓展】

曾任美国总统的老布什，能够坐上总统的宝座，成为美国“第一公民”，与他的仪态表现分不开。在1988年的总统选举中，老布什在选民中的印象不佳，民意测验显示其一度落后于对手杜卡基思10多个百分点。然而两个月后，老布什不但以光彩照人的形象扭转了先前的劣势，还领先对手10多个百分点。原来，老布什不仅嗓音又尖又细，而且他的手势及手臂动作死板。后来老布什接受了专家的指导，纠正了尖细的嗓音、生硬的手势和死板的手臂动作，于是，有了独特的魅力。在后来的竞选中，老布什新的形象改变了原来人们对他的评价。他还改穿卡其布蓝色条子厚衬衫，更显“平民化”，终于获得了总统选举胜利。

你从这个故事中懂得了成功的秘诀了吗？

任务评价

实训任务评价表

评价维度	A	B	C	个人评价	小组评价	教师评价
能力达成	完全掌握了“坐立行蹲”的技巧，擅长使用手势和表情等体势语言传情达意	掌握大部分“坐立行蹲”的技巧，懂得使用手势和表情等体势语言传情达意	粗略掌握“坐立行蹲”的技巧，了解部分手势和表情等体势语言的含义			
知识掌握	掌握仪态礼仪知识90%以上	掌握仪态礼仪知识60%左右	掌握仪态礼仪知识30%左右			
学习态度	任务过程中精力集中，全身心投入	主要任务环节认真投入，任务基本完成	能参与任务过程，但缺乏主动性			

项目二 常用社交礼仪训练

Project 2

项目概述

社交礼仪是人们在社会交往中使用频率较高的日常礼节。掌握规范的社交礼仪，能建立、保持、改善社会活动中的人际关系，构建和谐融洽的交际氛围。本项目着重从称谓礼仪、介绍礼仪、握手礼仪、名片礼仪、交谈礼仪、馈赠礼仪、通信礼仪、递物与接物礼仪几个常用社交礼仪对学生进行基本礼仪训练，使学生具备基本的社交礼仪行为规范和能力。

训练目标

通过本项目的训练，使学生了解基本社交礼仪常识，拓宽自己的社交礼仪视野；具备基本的社交礼仪行为规范，在社会交往中能够自然、得体、恰当地使用社交礼仪与人沟通交往。

任务一 称谓礼仪训练 Task 1

任务指要

【任务目标】

1. 掌握称谓礼仪的一般知识。
2. 恰当运用称谓礼仪进行沟通、交际。

【任务要点】

本节介绍了人们生活和工作中的称谓礼仪的一般知识，并介绍了国外一些与我国不同的称谓，同时介绍了称谓礼仪的一般原则。使用合理的称谓能增进沟通，促进工作，也能拉近情感，减少摩擦，更能体现修养，使交际顺畅。

【任务重点】

恰当运用工作中的称谓礼仪。

感知体验

有一位先生要为一位外国朋友订做生日蛋糕。他来到一家酒店的餐厅，对服务员小姐说："小姐，您好，我要为我的一位外国朋友订一个生日蛋糕，并附上一张贺卡，您看可以吗？"服务员小姐接过订单一看，忙问："请问先生，您的朋友是小姐还是太太？"这位先生也不清楚这位外国朋友结婚没有。他为难地抓了抓后脑勺，想了想说："小姐？太太？她一大把年纪了，应该是太太。"生日蛋糕做好后，服务员小姐按地址到酒店客房送生日蛋糕。敲开门后，服务员小姐礼貌地说："请问，您是怀特太太吗？"女子愣了愣，不高兴地说："错了！"随即关上了房门。服务员小姐丈二和尚摸不着头脑，她抬头看看客房门牌号，打电话向那位先生确认房间号没错后，她再次敲开了门，"没错，怀特太太，这是您的蛋糕。"女子大声说："告诉你错了，这里只有怀特小姐，没有怀特太太！""啪"的一声，门被大力关上，蛋糕也掉在了地上。

【思考练习】

1. 服务员小姐的蛋糕为什么没有送出去？
2. 问题出在"那位先生""服务员小姐""怀特小姐"三者谁的身上？
3. 你能顺利把蛋糕送出去么？

【明确】

1．蛋糕没有送出去，是由错误的称谓造成的。在西方，特别是女子，很重视正确的称谓。如果搞错了，引起对方的不快，往往好事就变成了坏事。

2．“那位先生”没有正确使用社交礼仪称谓，造成了这样的后果。

3．学生训练中要注意使用恰当的社交礼仪称谓，并注意语言表达简洁、得体。

进入任务

办公室接待

××旅游职业技术学校的佳慧同学在学校办公室实习做文员助理。她接到主任通知，今天教育局长将带着德政处的处长、调研员来学校检查指导工作，由她负责接待。

佳慧应该怎样恰当、准确地称呼这些人？

【任务分析】

这个任务涉及接待礼仪中的称谓礼仪。佳慧应做好以下准备和工作：

1．掌握称谓礼仪的相关知识。

2．通过来宾介绍或向同事了解，提前熟悉来宾的个人情况。

3．恰当、准确地运用礼仪称谓完成任务。

【相关知识】

在我国，深厚的礼仪底蕴决定了对称谓的严格要求。俗话说：人际交往，礼貌当先；与人交谈，称谓在前。使用称谓，应当谨慎，稍有差错，便会贻笑大方。

下面，让我们学习生活中的称谓、职场中的称谓和对外交往中的称谓。

称谓，也叫称呼，是在对亲属、朋友、同事或其他有关人员称呼时所使用的一种规范性礼貌语，它能恰当地体现出当事人之间的关系。社交场合中人们经常称呼他人，有没有称呼和如何称呼，都涉及礼仪问题。在人际交往中，选择正确、适当的称谓，反映自身的教养、对对方的尊敬程度，因此不能随便乱用。

一、生活中的称谓

1．对亲属的称呼

对自己亲属的称呼，应做到长幼有序，亲切自然。生活中这类称呼一般都是约定俗成的，体现家庭、亲属之间的和睦相处、相亲互爱。

表2-2-1-1　对亲属的不同称呼

向他人介绍自己的亲属	谈到他人的亲属
谦称	敬称
家父、家母 家兄、舍弟、舍妹 犬子、小女	令尊、令堂 令兄、令妹 令郎、令爱

2．对朋友、邻居、同学等熟人的称呼

对朋友、邻居、同学等熟人的称呼，要亲切、自然、友好、尊重。

对朋友、同学可以直呼其名，表达亲近之情。

对长者应注意辈分和地域之别，如“叔叔”“伯伯”“阿姨”“伯母”“大妈”“爷爷”“奶奶”等。

对有身份的人注意用敬称，如“× 先生”“× 老师”“× 夫人”“× 太太”等。

二、职场中的称谓

1．职务称呼

（1）只称职务：校长、主任、主管、店长、经理、科长、处长、董事长、局长。

（2）姓 + 职务：在职务前加上姓氏。如“× 校长”“× 董事长”。

（3）姓名 + 职务：在职务前加上姓名，以表示庄重。如“× × × 局长”“× × × 市长”。

2．职称、职业称呼

对有职称的中高级专业人员，可在职称前加上姓氏。如“× 老师”“× 工程师”“× 教授”“× 主编”“× 会计”“× 律师”“× 记者”“× 大夫”。庄重的场合应当用“姓名 + 职称”的形式或称呼。

三、对外交往中的称谓

在对外交往中，国外的称呼与我国有相同的，也有不同的，要注意不同国家、地区的民族、宗教、文化的差异，以尊重、友善、得体为原则。

（1）成年人按性别不同，可通称“先生”“女士”；女士按结婚与否，可称“太太”“小姐”。

（2）对宗教界人士，要称呼神职。如“× × 传教士”“× × 牧师”“× × 神父”。

（3）皇族的称呼：国王陛下、皇后殿下、王子殿下、公主殿下、亲王殿下。

（4）爵位的称呼：爵士、勋爵、男爵、侯爵、公爵、大公等。

四、称谓礼仪的一般原则

（1）职务、职称就高不就低。有些人身兼数职，有些人有多种职称资格，在称呼中应使用最高的职务或职称。

（2）场合不同，称呼不同。生活和职场环境转换，称呼也应随之转换；学术和行政场景转换，职称称呼和职务称呼也应随之转换。

（3）禁用过时、不当、低俗的称呼。如“老爷”“下人”“一哥”“大佬”等。

（4）注意称呼的正确读音。如姓氏中的“仇”（qiú）、“盖”（gě）、“朴”（piáo）、“查”（zhā）、“万俟”（mòqí）等。

实操实训

1. 进行办公室接待中常用称谓的训练。
2. 请同事帮助提供相关被接待人员的资料。
3. 通过电视、报纸、网络等查找相关被接待人员的资料。
4. 通过来访者介绍，熟悉被接待人员。

完成任务

回到任务“办公室接待”场景中。

地点：会议室

人物：接待人员、教育局长、德政处长、调研员、办事员

任务：迎候并引导客人进入会议室

注意：1. 准确、恰当称呼被接待人员。
2. 注意礼仪仪态。
3. 教师及时点评。

实训任务操作表

序号	步骤	操作及说明	要求
1	生活中对朋友、邻居的称呼	（1）同桌一对一训练 （2）小组场景训练	（1）称呼准确 （2）感情真挚 （3）亲切自然
2	职场职务、职称、职业称呼	以小组为单位模拟办公室接待	（1）称呼准确 （2）文明有礼 （3）表情自然、真诚

巩固拓展

【巩固训练】

小刚和部门罗经理共事3年，一直配合不错。可是最近罗经理的一次工作疏忽给公司造成比较大的经济损失，公司最高层决定撤掉其部门经理的职位，具体安排什么新岗位还需要公司最高层研究后决定。在此期间，新的部门经理到岗。小刚作为罗经理的老下属，觉得如果称罗经理原来的职位，新经理听到后会不高兴；若直接叫罗经理姓名，罗经理刚刚进入职业低潮，正不痛快，转口这么快难免会给人为人势利的感觉。小刚进退两难，尤其是当新旧经理同时在场时更尴尬。

那么小刚应该怎么做呢？

【能力拓展】

小张和小王毕业后被同一家酒店录用，因小王比较胖，所以在学校时大家都叫她“阿肥”。小张在酒店还能用这个绰号称呼她么？为什么？

任务评价

实训任务评价表

评价维度	A	B	C	个人评价	小组评价	教师评价
能力达成	沟通中准确、恰当运用称谓，效果良好	称谓运用模糊，能够完成沟通的目标	不能运用礼仪称谓，沟通随意性大			
知识掌握	对于职场、生活中的礼仪称谓掌握70%以上	掌握职场、生活中的礼仪称谓60%左右	了解职场中的礼仪称谓			
学习态度	任务过程中精力集中，全身心投入	主要任务环节认真投入，任务基本完成	能参与任务过程，但缺乏主动性			

任务二 介绍礼仪训练 Task 2

任务指要

【任务目标】

1. 掌握介绍礼仪的常规知识。
2. 在工作、生活中懂得恰当地自我介绍、为他人介绍、集体介绍。

【任务要点】

了解介绍礼仪的一般知识，掌握介绍礼仪的一些注意事项。

【任务重点】

恰当运用工作、生活中的介绍礼仪。

感知体验

研究生毕业的小刘很健谈，口才甚佳。有一次，他应聘一家大型房地产公司的地产策划经理一职。在自我介绍时，他大谈起了房地产行业的走向……由于跑题太远，面试官不得不让他把话题收回来，他的自我介绍也只能“半途而止”。

【思考练习】

小刘求职面试时的自我介绍为什么只能“半途而止”？

【明确】

自我介绍的时间一般为3分钟，可一分钟谈一项内容。在时间的分配上，第一分钟可谈学历等个人基本情况；第二分钟可谈工作经历，应届毕业生可谈相关的社会实践；第三分钟可谈对本职位的理想和对本行业的看法。如果自我介绍要求在1分钟内完成，则要有所侧重，突出一点，不及其余。

在实践中，有些应聘者不了解自我介绍的重要性，只是简短地介绍一下自己的姓名、身份，再补充一些有关自己的学历、工作经历等内容，大约半分钟就结束了，然后望着面试官，等待下面的提问。这是相当不妥的，白白浪费了一次向面试官推荐自己的机会。而另一些应聘者则试图将自己的全部经历都压缩在这几分钟内，这也是不明智的做法。合理地安排自我介绍的时间，突出重点是首先要考虑的问题。

进入任务

为他人介绍

父亲来到学校向李明的班主任了解李明的学习情况，李明该如何为他们做介绍？

【任务分析】

这个任务涉及接待礼仪中的为他人做介绍礼仪。

【相关知识】

现代社会人们交往的范围不断扩展，总是在不断认识新的面孔，结交新的朋友，也就少不了介绍自己和他人。得体的介绍往往给人留下良好的印象，因此人们又把介绍当做“交际之桥”。

介绍是与他人进行沟通、增进了解、建立联系的一种最基本、最常规的方式。最突出的作用，就是缩短人与人之间的距离。

在人际交往中，介绍有很多技巧，谁先介绍，谁后介绍，什么时候介绍，介绍的内容是什么，这些问题通常决定着介绍和交往的成功与否。

介绍基本可以分为三类：

（1）自我介绍：说明本人的情况。

（2）介绍他人：为第三方介绍其不认识的人。

（3）集体介绍：介绍一个单位、集体。

一、自我介绍

1. 自我介绍的意义

（1）自我介绍是向别人展示自己的一个重要手段，自我介绍的好坏，甚至直接关系到留给别人的第一印象的好坏及以后的交往顺利与否。

（2）自我介绍不仅是展示自己的手段，也是认识自我的手段。古人云：知人者智，知己者明。可见，要认识自我，给自己一个准确的定位不是一件容易的事情。而通过写自我介绍，会对自己进行一个有意识的梳理。

2. 自我介绍的方式

自我介绍的方式有两类，一是主动型（无人引荐），一是被动型（应他人要求做自我介绍）。

3. 自我介绍的具体形式

（1）应酬式自我介绍：内容最为简洁，往往只包括姓名即可，如“您好！我叫李平”。

（2）工作式自我介绍：内容应包括姓名、就职的单位及部门、担任的职务这三项，通常缺一不可，如“我叫 ××，现在是 ×× 公司的财务科科长”。

（3）交流式自我介绍：内容应包括姓名、工作、籍贯、学历、兴趣以及与交往对象的某些熟人的关系等，如“我叫 ××，现在在北京 ×× 公司工作。我是 ×× 大学 ×× 系 ×× 级的，我想咱们是校友，对吗？”

4. 自我介绍的时机

（1）应聘求职、应试求学。

（2）在社交场合与不认识的人相处。

（3）不认识的人对自己很有兴趣。

（4）在聚会上与身边的人共处。

（5）应他人请求，做自我介绍。

（6）与陌生人组成交际圈进行交流。

（7）求助的对象不了解自己。

（8）前往陌生单位，进行业务联系。

（9）在旅途中与他人不期而遇而又有必要与其接触。

（10）初次登门拜访不认识的人。

（11）利用大众传媒向社会公众进行自我推荐、自我宣传。

（12）利用社交媒介，如通过电话、传真、电子邮件等与不认识的人进行联络。

5. 自我介绍的场合

（1）社交场合遇见自己想要结识的人，又找不到适当的人做介绍。

（2）电话约见从未谋面的人。

（3）演讲、发言前。

（4）求职应聘或参加竞选。

6. 自我介绍的态度

（1）笑容自然，态度亲切，随和大方。

（2）自信、坦然，正视对方双眼，眼神不可飘忽不定。

（3）真诚、友善，不冷漠。

（4）语气自然、语速正常、吐字清晰、说普通话。

二、介绍他人

1. 介绍他人的时机

与家人外出，遇见家人不认识的同事或朋友；遇见接待对象不认识的人；推荐某人加入某个交际圈；陪同上司、来宾时遇见其不认识的人；收到为他人做介绍的邀请；陪同亲友前去拜访不认识的人。

2．介绍的顺序

先主后客；先卑后尊；先幼后长；先下级后上级。

图2-2-2-1　介绍他人（先主后客）

3．介绍他人应注意的细节

（1）征求双方意见。

（2）一旦介绍，就要表示欣然接受。

（3）介绍的内容真实详细。

（4）介绍的手势正规。

三、集体介绍

1．集体介绍的基本方式

先介绍人数少的一方，再介绍人数多的一方，最后介绍双方地位尊贵或者年长的人。在会议、比赛、会见、演讲、报告时，可以只将主角介绍给大家，不需要一一介绍。

2．集体介绍的禁忌

不要使用易生歧义的简称；不要开玩笑、作弄人。

图2-2-2-2　集体介绍

实操实训

地点：机场出口

场景：甲和乙是A公司安排接待B公司王总的人员，甲是新职员，乙是老职员且和王总关系较好。

训练：如果你是乙，你会怎样向王总介绍甲？

完成任务

回到任务“为他人介绍”场景中

地点：教师办公室

人物：李明父亲、李明班主任、李明

任务：李明伟父亲和班主任做介绍

注意：1. 准确、恰当地进行介绍。

2. 注意礼仪仪态。

3. 教师及时点评。

实训任务操作表

序号	步骤	操作及说明	要 求
1	生活中的介绍礼仪	（1）同桌一对一训练 （2）小组场景训练	注意介绍的顺序
2	职场中的介绍礼仪	以小组为单位模拟求职自我介绍	注意介绍的具体形式、时机、态度

巩固拓展

【巩固训练】

小芳去应聘××媒体公司，面试在一个大办公室进行，面试官要求每位应聘者先做自我介绍。小芳是第二位，与第一位应聘者一句一顿的自我介绍不同，她的自我介绍给人背诵的感觉。因为她早做了准备，将大学四年里所干的事，写了一段话，还做了一些语言修饰，注重韵脚，听起来有些押韵。

怎样才能做好应聘时的自我介绍？

【能力拓展】

1. 如果你将毕业，求职面试时你会如何做自我介绍？

2. 班级新来了一位同学，你如何向全班同学介绍他？你又如何向他介绍班级的基本情况？

任务评价

实训任务评价表

评价维度	A	B	C	个人评价	小组评价	教师评价
能力达成	工作生活中适时、恰当地介绍，效果良好	能够完成介绍的目标，但不够到位	不能运用介绍礼仪知识，沟通随意性大			
知识掌握	对职场、生活中的自我介绍、介绍他人、集体介绍礼仪知识掌握80%以上	对自我介绍、介绍他人、集体介绍礼仪知识掌握60%左右	只是初步了解职场中的介绍礼仪知识			
学习态度	任务过程中精力集中，全身心投入	主要任务环节认真投入，任务基本完成	能参与任务过程，但缺乏主动性			

任务三 握手礼仪训练 Task 3

任务指要

【任务目标】

1. 掌握握手的姿势及握手的常规礼仪。

2. 明确握手的禁忌及细节。

【任务要点】

掌握握手时机及握手顺序；注意握手时的身体姿势、手势、时长、眼神。

【任务重点】

学生通过观察动作及参与练习，能够在具体场合正确地使用握手这一礼仪，树立端正的态度，体会正确运用握手礼仪的重要性。

感知体验

张先生与王小姐在公园相遇，由于两人好久没见，张先生大方、热情地向王小姐伸出手去，想与王小姐握手。谁知王小姐却不将手伸出来与之相握，反而将手放进裤袋里。张先生只好尴尬地摸着自己的手。

【思考练习】

二人的握手礼仪有何问题？说明理由，应该如何处理？

【明确】

女士与男士握手，应由女士先伸手，张先生不能先向王小姐伸手。拒绝与对方握手是不礼貌的。握手是友好的表示，如果对方主动伸手与自己相握，即便对方没有顾及礼仪顺序，也要宽容地与对方握手。所以，王小姐应主动、大方地与张先生友好握手。

进入任务

同学偶遇

夏天的一个中午，天气很热，光线很强。李小明戴着墨镜正在街上行走，路遇自己多年不见的大学同班女同学王玲。李小明很高兴，立即飞速跑向前紧紧握住王玲的手。王玲看到戴着墨镜的“陌生人”吓了一跳。

1. 李小明做法有何不妥之处？

2. 如果你是李小明，你应该怎么做？

【任务分析】

这个任务主要涉及握手礼仪中的相关要求。

【相关知识】

握手礼仪是人们在人际交往过程中应具备的基本素质。握手礼仪在当今社会人际交往中发挥的作用十分重要。通过握手，人们可以沟通心灵，建立深厚友谊，获得支持与帮助；通过握手，人们可以互通信息，共享资源，对事业成功大有裨益。

美国著名盲人女作家海伦·凯特说：“握手，无言胜有言。有的人拒人千里，握着冷冰冰的手指，就像和凛冽的北风握手。有些人的手却充满阳光，握住你使你感到温暖。”

一、握手礼的由来

握手礼起源于远古时代，那时人们主要以打猎为生，手中常持有棍棒或石块作为防卫武器。当人们相遇并且希望表达友好之意时，必须先放下手中的武器，然后相互触碰对方的手心，用这个动作说明：我手中没有武器，我愿意向你表示友好，与你成为朋友。随着时间的推移，这种表示友好的方式被沿袭下来，成为今天的握手礼，并被世界上大多数国家所接受。

二、握手的时机

（1）遇到久未谋面的熟人。

（2）在比较正式的场合与相识之人道别。

（3）自己作为东道主迎送客人。

（4）向别人辞行。

（5）被介绍给不认识的人。

（6）在外面偶遇同事、朋友、客户。

（7）感谢他人的支持、鼓励或帮助。

（8）自己向他人或他人向自己表示恭喜、祝贺。

（9）应邀参与社交活动见到东道主。

（10）对他人表示理解、支持、肯定，握手以示真心实意。

（11）在他人遭遇挫折或不幸时表示慰问、支持。

（12）自己向他人或他人向自己赠送礼品或颁发奖品。

三、握手顺序

（1）职位、身份高者与职位、身份低者握手，应由职位、身份高者先伸手。

（2）女士与男士握手，应由女士先伸手。

（3）已婚者与未婚者握手，应由已婚者先伸手。

（4）年长者与年幼者握手，应由年长者先伸手。

（5）长辈与晚辈握手，应由长辈先伸手。

（6）社交场合的先至者与后至者握手，应由先至者先伸手。

（7）主人与到访客人握手，应由主人先伸手。

（8）客人告辞时与主人握手，应由客人先伸手。

是否握手按“位尊者有决定权”的原则，即由位尊者决定双方是否有握手的必要。在不同场合，“位尊者”的含义不同。

在商务场合，“位尊者”的判断顺序为职位→主宾→年龄→性别→婚否。上下级关系中，上级应先伸手，以表示对下级的亲和与关怀；主宾关系中，主人应先伸手，以表示对客人的欢迎；根据年龄判断时，年长者应主动伸手，以表示对年轻人的欣赏和关爱；根据性别判断时，女性宜主动伸手，以表示大方、干练的职业形象；根据婚姻情况判断时，已婚者应向未婚者先伸手，以表示友好。

图2-2-3-1 商务场合中男女士握手礼仪

在纯粹的社交场合，“位尊者”的判断顺序有所不同，应以性别→主宾→年龄→婚否→职位作为判断的顺序。关系密切的朋友之间，有时以先伸手来表示更加热情的期待和诚意。

在送别客人时，应由客人先伸手告别，避免由主人先伸手而产生逐客之嫌。

四、握手的细节

1. 身体姿势

无论在哪种场合，无论双方的职位或年龄相差有多大，都必须起身站直后再握手，坐着握手是不合乎礼仪的。握手时上身应自然前倾，行 15° 欠身礼。手臂抬起的高度应适中。

图2-2-3-2　握手细节

2. 手势

握手时必须用右手，即便是习惯使用左手的人也必须用右手，这是国际上普遍适用的原则。握手时伸出的手掌应垂直于地面，手心向下或向上均不合适。握手时应掌心相握，这样才符合真诚、友好的原则。

很多男士在与女士握手时只握四指，以示尊重和矜持。但在男女平等的今天，这种握手方式已不符合礼仪规范。尤其在商务活动中，性别被放在次要的位置，女性应主动、大方地与男士进行平等、友好的握手，以便进一步进行平等互利的商务交流。

3. 时间

握手的时间不宜过长或过短，两手交握 3 ~ 4 秒，上下晃动最多 2 次是较为合适的。刚一接触即把手收回，很失礼；握着他人的手不放则会引起对方的尴尬。

握手力度能够反映出人的性格。力度太大会显得人鲁莽有余、稳重不足；力度太小又显得有气无力、缺乏生机。因此，握手的力度把握在使对方感觉到自己稍加用力即可。

4. 眼神

在握手的过程中，假如眼神游离不定，对方会认为你不够尊重他，甚至对你的心理稳定性产生怀疑。

5. 微笑

微笑能够在任何场合为礼仪增添无穷的魅力。握手的同时给对方一个真诚的微笑，会使气氛更加融洽。

6. 握手的禁忌

（1）忌交叉握手。多人同时握手时，应该按照顺序一一进行。与另一方呈交叉状，甚至自己同时伸出左手与其他人握手，都是严重的失礼行为。

（2）忌出手太慢。此举会让对方觉得你不愿意与他握手。

（3）忌在对方无意的情况下强行与之握手。

（4）忌戴手套与他人握手。如果女士戴有装饰性的手套则可以不摘。

（5）忌在手不干净时与他人握手。此时可以礼貌地向对方说明情况并表示歉意。

（6）忌握手后立刻用纸巾或手帕擦手。

（7）忌拒绝与他人握手。拒绝与对方握手是不礼貌的。握手是友好的表示，如果对方主动伸手与你相握，即便是对方没有顾及礼仪顺序，也要宽容地与对方握手。

实操实训

请同学们围绕下面的情景进行训练。

场景一：王明（男）与张艳（女）毕业两年后路遇。

场景二：你受到校长的接见。

场景三：你带同学去表姐家做客，表姐与你同学初次见面。

场景四：你路遇同学的母亲。

注意：

1. 注意职位、身份高者与职位、身份低者，女士与男士，已婚者与未婚者，长辈与晚辈，主人与客人等不同角色握手礼仪的恰当使用。

2. 角色扮演时注意身体姿势、手势、时长、眼神、表情、握手的禁忌。也可反面表演让同学现场点评。

完成任务

回到任务“同学偶遇”场景中。

地点：马路

人物：李小明、王玲

任务：正确地打招呼并握手

注意：1．热情地打招呼。

2．男女握手的要求及握手禁忌。

3．教师及时点评。

实训任务操作表

序号	步骤	操作及说明	要　求
1	生活中的握手礼仪	（1）同桌一对一训练 （2）小组场景训练	（1）注意握手的顺序、时长及禁忌 （2）注意扮演不同角色
2	职场中的握手礼仪	以小组为单位模拟职场中的握手礼仪	

巩固拓展

【巩固训练】

××国的商业代表团到一个大国访问，大国的首脑接见商业代表团。这位首脑与代表团团长握手时，代表团团长心中不悦，因为对方戴着手套和他握手。他为了表示心中的不满，顺手摸出一块手帕，擦了擦刚握过的手，把手帕扔掉了。他认为对方嘲弄他和他的国家，这是不能容忍的。

讨论：请针对以上案例谈谈你的看法。

【能力拓展】

在一次接待××省考察团到访的任务中，小王因与考察团团长熟识，作为主要迎宾人员陪同部门领导前往机场迎接。当考察团团长率领其他工作人员到达后，小王面带微笑热情地走向前，先于部门领导与团长握手致意，表示欢迎。小王旁边的领导面露不悦之色。

小王的领导为何面露不悦之色？

任务评价

实训任务评价表

评价维度	A	B	C	个人评价	小组评价	教师评价
能力达成	能够在具体场合正确、大方地使用握手礼仪	有意识地使用握手礼仪，礼仪使用不太到位	不懂使用握手礼仪			
知识掌握	学生能准确描述握手的姿势，明确握手的禁忌与细节	能初步描述握手的姿势，大概明确握手的禁忌与细节	握手细节掌握不够规范			
学习态度	认真观察握手动作及积极参加练习活动	技能活动训练基本完成	能参与训练过程，但缺乏主动性			

任务四 名片礼仪训练 Task 4

任务指要

【任务目标】

1. 掌握名片交换时机、接递要求、索取技巧。
2. 通过设置情境，提高学生分析和解决问题的能力。

【任务要点】

本任务介绍人们生活和工作中名片的递送、接受、存放的礼仪知识，还介绍索要名片的技巧和使用名片的禁忌。

【任务重点】

在生活和工作中恰当地运用名片递送、接受、存放礼仪。

感知体验

××公司新建的办公大楼需要添置一系列的办公家具，价值数百万元。公司总经理决定向A公司购买这批办公家具。这天，A公司的销售负责人打电话来，要上门拜访这位总经理。总经理打算等对方来了，就在订单上盖章，定下这笔生意。

不料对方到达的时间比预定的时间提前了2个小时。原来对方听说公司的员工宿舍也要在近期落成，希望员工宿舍需要的家具也能从A公司购买。为了谈这件事，对方还带来了一大堆的资料，摆满了桌面。总经理没料到对方会提前到访，刚好手边又有事，便请秘书让对方等一会儿。没想到这位销售负责人等了不到半小时，就开始不耐烦了，他一边收拾起资料，一边说："我还是改天再来拜访吧。"

这时，总经理发现对方在收拾资料准备离去时，不小心将自己刚才递上的名片掉在了地上却并没有发觉，走时还无意从名片上踩了过去。看起来只是个不小心的失误，却令总经理改变了初衷。A公司最后不仅没有机会与总经理商谈员工宿舍的家具购买，连几乎到手的数百万元办公家具的生意也告吹了。

【思考练习】

1. 请分析为什么 A 公司几乎到手的数百万元办公家具的生意告吹。

2. 名片应如何存放才得当？

【明确】

1. A 公司的销售负责人在收拾资料准备离去时，不小心将总经理刚才递上的名片掉在了地上却没有发觉，走时还无意从名片上踩了过去，让总经理产生反感。再加上 A 公司的销售负责人没有按预约的时间到访，改变到访时间也不曾提前沟通，又没有等待的耐心和诚意，所以丢失这笔生意并非偶然。

2. 随身携带名片夹，接过名片要精心放入自己的名片夹。若没有名片夹，也不要随便地塞在口袋里或丢在包里，可放在左胸的口袋里，以示尊重。

进入任务

接受名片

×× 公司王经理约见一个重要的客户。见面之后，客户将名片递上，王经理看完后就将名片放到了桌子上，两人继续谈事。过了一会儿，服务人员将咖啡端上桌面，请二人慢用。王经理喝了一口咖啡，随后无意识地将咖啡杯子放在了名片上，客户见状皱了皱眉头，没有说什么。

客户为什么皱眉头？

【任务分析】

此任务涉及名片接受的礼仪问题。

【相关知识】

随着社会的发展，名片成为人们互相认识、交往的一个重要媒介和工具，是人们进行商务活动的必备品。名片是一个人身份的象征，当前已成为人们社交活动的重要工具。因此，名片的递送、接受、存放等也要讲究社交礼仪。

一、名片的递送、接受、存放

1. 名片的递送

在社交场合，名片是自我介绍的简便方式。交换名片的顺序一般是“先客后主，先卑后尊”。当与多人交换名片时，应依照职位高低，或由近及远依次进行，切勿“跳跃式”进行，以免使对方感觉厚此薄彼。递送时应将名片正面朝向对方，双手奉上。眼睛应注视对方，面带微笑，并大方地说：“这是我的名片，请多多关照。”名片的递送应在介绍之后，在尚未弄清对方身份时不应急于递送名片，更不要把名片视同传单随便散发。

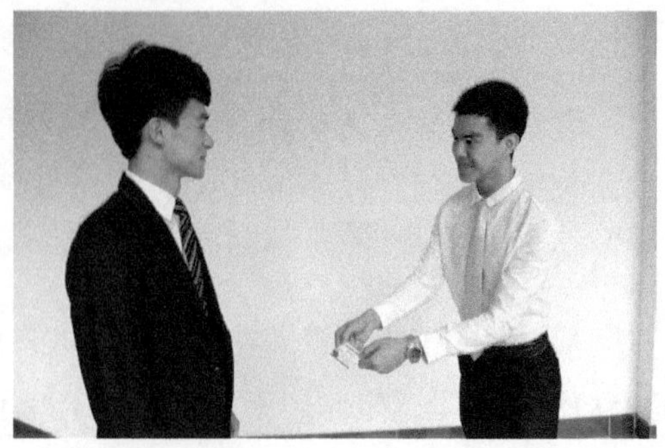

图2-2-4-1　递送名片

2. 名片的接受

接受名片时应站起（位尊者可坐着），面带微笑、目视对方；接受名片时应双手捧过或用右手接，接过后认真默读，以视尊重；致语“谢谢”“请多关照”。可将对方的姓名、职务念出声来，并抬头看看对方的脸，使对方感觉到受重视。

接受他人的名片后，应回递一张本人的名片。如身上未带名片，应向对方表示歉意。在对方离去之前，或话题尚未结束，不必急于将对方的名片收藏起来。

总之，接受他人名片时，主要应当做好以下几点：态度谦和；认真阅读；精心存放；有来有往。

图2-2-4-2　接受名片

3. 名片的存放

接过别人的名片后不可随意摆弄，可放在桌上或放进名片夹中。若放在桌上，不要在上面压东西，否则会被认为不恭。不要当面在对方的名片上写不相关的内容；随身携带名片夹，接过名片要精心放入自己的名片夹。若没有名片夹，也不要随便地塞在口袋里或丢在包里，可放在左胸的口袋里，以示尊重。

交换名片注意事项：

（1）勿把自己的名片强递给每一个见面的高级主管，除非对方主动向自己索取。

（2）勿太早递出自己的名片，尤其是面对完全陌生的人和偶然认识的人。

（3）勿在一大堆陌生人中散发你的名片，应在社交场合交换名片。

（4）参加会议时，交换名片通常是在会议开始时进行，有时在会议结束时进行。

（5）用餐期间一般不要交换名片。

（6）在参加社交性晚宴时，不论男士或女士都应该带着名片。

二、索要名片的技巧

（1）交换法："张教授，非常高兴认识你，这是我的名片，请张教授多多指教。"

（2）明示法（向同年龄、同级别、同职位的人）："老王，好久不见了，我们交换一下名片吧，这样联系更方便。"

（3）谦恭法（向长辈、领导、上级）："汪老，您的报告对我很有启发，希望有机会向您请教，以后怎样向您请教比较方便？"

（4）暗示法："今后如何与你联系？"

三、使用名片的禁忌

（1）不要使用残缺折皱的名片。

（2）不要涂改名片。

（3）在比较重要的场合不要提供含两个以上头衔的名片。

（4）不要把名片当做传单随便散发。

（5）不要随意将他人给的名片塞在口袋里。

（6）不要随意拨弄他人的名片。

实操实训

请同学们 2 人一组围绕下面的礼仪知识自设情景进行角色扮演。

1. 名片的递送、接受、存放。
2. 索要名片。

完成任务

回到任务"接受名片"场景中。

地点：×× 公司会客室

人物：王经理、客户、服务人员

任务：正确递接名片

实训任务操作表

序号	步骤	操作及说明	要求
1	生活中的名片礼仪	（1）同桌一对一训练 （2）小组生活场景训练	（1）递送名片顺序准确、态度真诚 （2）接受名片要做到： ①态度谦和②认真阅读③精心存放④有来有往
2	职场中的名片礼仪	以小组为单位模拟职场中的名片礼仪	

巩固拓展

【巩固训练】

在一次聚会上，科技园综合科的刘科有幸认识了机关事务局的赵局长，两人交谈甚欢，且相互交换了名片。后来由于工作上的事情，刘科到机关事务局去办事，正巧在大厅碰到赵局长，两人很高兴，刘科张口就说："王主任，您好，没想到在这儿遇到您，上次在聚会上……"只见赵局长的脸色微有些尴尬。

结合名片礼仪知识，谈谈这则案例出现了哪些问题？应该如何处理才能避免这些问题？请同学们分角色扮演并展开互评。

【能力拓展】

张女士与孙先生相遇了，由于孙先生的工作有所变动，孙先生主动递出了自己的名片。张女士也打开自己的手提包，准备拿出自己的名片与之交换。可是一摸，首先摸出了一张健身卡，再一摸，是一张名片，她高兴地递给孙先生，孙先生接过名片低头一看，是别人的名片。张女士尴尬地笑着，继续在包里找名片……

这则案例中张女士为何出现这种尴尬的情况？

任务评价

实训任务评价表

评价维度	A	B	C	个人评价	小组评价	教师评价
能力达成	在情境下，提高了分析和解决问题的能力	实践能力得到了一定提高	实践能力，沟通、合作能力有待提高			
知识掌握	熟练掌握名片交换时机、接递要求、索取技巧	基本掌握名片交换时机、接递要求、索取技巧	了解职场中的名片礼仪			
学习态度	在情境下，积极投入角色扮演	基本能完成情境下的基础任务	能参与任务过程，但缺乏主动性			

任务五 交谈礼仪训练 Task 5

任务指要

【任务目标】

1. 学会在与人交谈中使用礼貌用语。
2. 懂得在交谈中选择合适的话题。
3. 掌握交谈礼仪的一般知识。

【任务要点】

本节介绍社会交往中交谈礼仪的一般知识，包括敬语、谦语、雅语以及常用的礼貌用语，在交谈过程中如何选择合适的话题以及倾听的艺术。讲究交谈礼仪、运用交谈技巧是一种修养，能够体现个人的风采和魅力，传递对他人的尊重，不仅有利于交谈气氛的融洽，而且有益于交际的成功。

【任务重点】

学会在与人交谈中正确使用礼貌用语。

感知体验

小李是刚入职的秘书。有一次，他奉命接待公司的一名重要客户。客户一来到公司，小李立刻迎上去，满脸笑容地对他说："方先生，我们经理让你上去！"客户听了，脸上闪过一丝不悦，他心想：我又不是你的下属，凭什么让我上去就上去？哪有这样说话的？一气之下，这位客户对小李说："我不上去了，你们要做生意自己来找我，我回去了！"

【思考练习】

1. 小李保持微笑服务，却引来了客人的不满，问题出在哪里？
2. 你能把这位客户留住吗？

【明确】

1. 问题在于小李说的那句"我们经理让你上去"。小李在交谈中没有使用礼貌用语，对客户说话少了"请"字，话语间是命令的口吻，令客户产生了不愉快的情绪。

2. 训练中要注意正确使用礼貌用语，并注意表达方式及服务态度。

进入任务

假如你是班长

新学期开始，班里来了一位插班生王璐。她是一位斯文、胆小的女孩，已经来校一周了，却几乎没有跟同学们交谈过。

假如你是班长，你该怎样跟她进行交流、沟通？

【任务分析】

这个任务涉及与人交往中的交谈礼仪。班长应做好以下准备工作：

1．掌握交谈礼仪的相关知识。

2．向老师和同学了解，掌握王璐的兴趣爱好、家庭情况等一些个人信息。

3．恰当、准确地运用交谈礼仪完成任务。

【相关知识】

交谈是人们传递信息、开展工作、交流思想、建立友谊、增进了解最为重要的一种形式。没有交谈，人与人要进行真正的沟通几乎是不可能的。交谈是人的知识、阅历、才智、教养和应变能力的综合体现。想要在合适的时机表现自己，就必须注意交谈中的一些礼仪和规范。

社会交往的主要方式是交谈和行为。在我国古代，人们就讲究“听其言，观其行”。下面，让我们来学习交谈中常用的礼貌用语、交谈的话题、倾听的艺术及交谈的一般原则。

一、交谈中的礼貌用语

礼貌用语，是指社会上约定俗成的用以表示谦虚恭敬的用语。在交谈中多使用礼貌用语，表达“自谦而敬人”的理念，是获得他人好感与体谅的最为简单易行的做法。

1．常用礼貌用语

表2-2-5-1　常用礼貌用语表

类别	常用语
问候语	早上好、下午好、晚上好……
称呼语	小姐、夫人、太太、女士、先生……
祝贺语	恭喜、祝您节日快乐、生日快乐……
欢迎语	欢迎光临、欢迎指导、欢迎惠顾……
告别语	再见、明天见、回头见……
道谢语	谢谢、非常感谢、多谢、麻烦了……

续表

类别	常用语
道歉语	对不起、请原谅、不好意思、打扰您了、失礼了……
征询语	请问您有什么事、需要我帮忙吗、您看这样行吗……
答应语	是的、好的、明白了、不要客气、没关系、这是我应该做的……

其中，“您好”“请”“谢谢”“对不起”“再见”被称为“十字”礼貌用语，是社会交往必须掌握的、最常用的礼貌用语。

2. 敬语与谦语

（1）敬语，亦称“敬辞”，它与“谦语”相对，是表示尊重他人和表示敬意的词语。敬语一般用于比较正规的社交场合以及与师长或身份地位较高的人的交谈、会议、谈判等公务场合中。

表2-2-5-2　常用敬语表

使用场景	敬语	使用场景	敬语
询问姓氏	贵姓	麻烦别人	打扰
询问年龄	贵庚	请人帮忙	劳驾
初次见面	久仰	请人原谅	包涵
托人办事	拜托	赞人见解	高见
看望别人	拜访	等候别人	恭候
请人指导	请教	请人勿送	留步

（2）谦语，亦称“谦辞”，它与“敬语”相对，是向人表示谦恭和自谦的词语。在交谈中表现出自己的谦虚和诚恳，更能赢得他人的尊重。谦语最常见的用法是在别人面前谦称自己和自己的亲属。

表2-2-5-3　常用谦语表

谦称对象	谦语	谦称对象	谦语
自己	鄙人	自己的家	寒舍
自己的儿子	犬子	自己的父亲	家父
自己的亲人	舍亲	自己的姓	敝姓
自己的见解	愚见、拙见	自己的文章	拙作、拙著
受到表扬	过奖	用自己粗浅的意见引出别人高明的意见	抛砖引玉

3. 雅语

雅语是指一些比较文雅的词语，雅语常常在一些正规场合，或有长辈、女性在场的情况下使用。有的话意思差不多，但说法不一样，就会给对方不一样的感受。例如：

“肥”“胖”可以称为“丰满”“富态”；

“瘦”可以称为“苗条”“清秀”；

“高”可以称为“亭亭玉立”“高挑”“修长”；

“矮”可以称为“玲珑”；

“他”“她”可以称为“那位先生”“那位女士”；

“厕所”可以称为“洗手间”；

“上个厕所”可以称“方便一下”；

“你走开”可以换作“劳驾借过”“先生请让一下”；

“你是谁”可以换作“您是哪位”；

“那算了”可以换作“如果不方便的话就不麻烦了”等。

雅语的使用不是机械的、固定的，只要语言文雅、彬彬有礼、远离粗俗，就能让交谈对象感觉到你的个人修养。

二、交谈的话题

许多人在与人交谈的过程中，都会有过“不知道说什么好”的尴尬体会。中国人一般由“吃饭了没”打开话匣，而外国人一般从“天气”谈起。与人交谈，话题的选择是很重要的。

1. 适合说的话题

（1）拟定的话题。即交谈双方业已约定或者某一方提前准备好的话题。

（2）双方共同经验范围内的话题。即对于这个话题双方都有过共同经验。例如，都来自同一个地方可以交谈家乡的事物；都去过某一个地方旅游则可以交谈旅游地的见闻等。

（3）时尚的话题。即当前流行的、媒体和大众都在关注的话题。

（4）轻松愉悦的话题。即谈论起来令人轻松愉快、身心放松，趣味十足的话题。例如，名胜古迹、休闲娱乐、电影电视、体育比赛等。

（5）对方擅长的话题。即交谈对象有研究、有兴趣、有可谈之处的话题。例如，与医生交谈健康养生的话题，与教师交谈学校教育的话题等。

（6）高雅的话题。即内容文明、优雅，格调高尚、脱俗的话题。例如，艺术、哲学、历史、建筑等，但交谈此类话题切忌不懂装懂、班门弄斧。

2. 不宜说的话题

（1）隐私。收入、年龄、婚姻、健康等涉及个人隐私的话题不宜谈论。

（2）非议他人。背后议论他人、搬弄是非的话题不宜谈论。

（3）思想反动的话题。违法乱纪、思想反动、生活堕落、违反社会道德的话题不宜谈论。

（4）庸俗的话题。黄色淫秽、荒诞离奇、恐怖惊悚等不健康的、庸俗的话题不宜谈论。

（5）其他令人不愉快的话题。对方不愿意提及或令对方感到伤感、不快、反感的话题不宜谈论。

三、学会倾听

很多人认为交谈就是“谈”，忽略了同样重要的“听”。伏尔泰说：“耳朵是通向心灵的道路。”倾听是对发言者的尊重，也是一种修养，更是一门学问。学会倾听要做好以下几点：

1. 耐心专注

耐心地听完，才能达到倾听的目的。在社交场合中，眼睛要看着对方，全神贯注，不东张西望，似听非听。不停地抬腕看表、盯着地板或者其他东西、坐立不安、打哈欠、清理指甲、玩钥匙等行为都是不耐心的表现。

2. 让对方把话说完，切勿打断

在他人讲话时，尽量不要中途打断插嘴，这样不仅干扰了说话者的情绪，破坏气氛，而且还会给人以喧宾夺主、自以为是的感觉。不轻易下结论，先听听别人怎么说，确定知道对方完整的意见时才做出反应。如确实需要发表意见或进行补充时，应先让对方把话讲完。

3. 让对方知道你在听

点头、微笑，适时地做出反馈，并且保持视线的接触。偶尔说“是的”“我了解”或者“是这样的吗”，让说话的人知道你一直在倾听，你对他说的话是有兴趣的。在对方需要理解和支持时，应以“你说得对”“没错”“真是这么一回事”来加以呼应，这样可以让说话者增强信心，增加他对你的好感。

4. 关注对方的身体语言及表情，听出对方的感情色彩

不能只关注说话者所说的事实，而不注意说话者的感情。应该设身处地地从对方的角度来想。对说话者言语中的悲伤或快乐，我们都应该有相应的反应。

5. 中途需要离场，应表示歉意

如果中途有事需要离开一会儿，应该表示歉意，说“对不起，我需要离开一下”“不好意思，我有点事”或“对不起，我去接个电话”等。

四、交谈的一般原则

1. 交谈的态度

交谈应在一种平等参与、互相尊重、真诚坦率的氛围中进行；宽以待人、语言委婉，若对方所述无伤大雅，一般不要当面否定；适度体现幽默感，适当赞美对方；不模仿他人语

言、语调；不开过分的玩笑；不顶撞、挖苦他人。

2. 交谈的仪态

交谈时，无论是站还是坐，身体的姿态都应端正。要善于运用肢体动作，特别是手势来活跃交谈气氛，增强感染力。但手势不要过多或频繁、幅度不要过大，手势变化不要过快。

3. 交谈的音量及语言

交谈时，应注意音量适中、咬字清晰、语速恰当，尽量让对方听得明白、易于理解。三人以上讲话，要使用大家都能听懂的语言，慎用方言和外语。

4. 交谈的表情

交谈时，面部朝向交谈对象，要一直与交谈对象保持眼神的接触。双方目光放于同一水平线上，不斜视、不俯视、不仰视。面部表情应该随着交谈内容而变化，随着对方情绪的波动而变化。

5. 交谈的距离

在交谈中，人与人之间应保持一定的距离，这样交谈才会轻松自如。

表2-2-5-4 交谈距离适用表

区域	距离	适用的交谈对象或场合
亲密区域	0～45厘米	适于亲人、恋人、夫妻之间的交谈
个人区域	45厘米～1米	适于熟悉的朋友、同事之间的交谈
社交区域	1～2米	适于接待宾客，上下级谈话，与人初次交往等场合的交谈
公共区域	3米以外	适于较大的公共场合，演讲、集会等场合

实操实训

1. 进行同学交往中的交谈训练。
2. 向老师和同学了解，掌握王璐的兴趣爱好等一些个人情况。
3. 通过交谈对象的自我介绍，熟悉对方。

完成任务

回到任务“假如你是班长”场景中。

地点：教室或者宿舍

人物：王璐、班长

任务：与王璐展开轻松、愉悦的交谈

注意：1. 准确、恰当地使用礼貌用语。

2. 选择恰当的话题进行交谈。

3. 注意体态、表情。

4. 教师及时点评。

实训任务操作表

步骤	操作及说明	要　求
交谈中使用礼貌用语	（1）同桌一对一训练 （2）模拟同学与老师之间的对话，训练如何使用“十字”礼貌用语 （3）模拟下级与上级之间的对话，训练谦语、敬语的用法 （4）模拟服务员与客人之间的对话，训练雅语的用法	（1）礼貌用语使用恰当 （2）注意体态 （3）注意表情 （4）注意不同场景使用不同的交谈距离

巩固拓展

【巩固训练】

小罗被安排接待一对来自外地的夫妇。她的热心周到、认真负责得到了夫妇的好评。这天，这对夫妇外出，晚上很晚才回来。小罗如同对待老朋友那样，随口便问：“你们去哪儿玩了一整天啊？”这对夫妇迟疑良久才说：“我们去天河逛街了。”小罗接着又笑呵呵地说：“哦，去逛街了呀？你们逛了什么商店，都买了什么东西呀？”对方无奈地说：“友谊商店，买了一点生活用品。”“哎呀，友谊商店的东西很贵呢！你们怎么不去天河城啊？北京路的东西也很不错哦……”然而，她的话没说完，那对夫妇已经转身离开了。第二天，领导委婉地告诉她，不再需要她接待这对夫妇了。

请问小罗犯了什么错误呢？

【任务巩固】

1. 如果派你去接待这对夫妇，你会怎样跟他们交谈呢？

2. 交谈中有哪些禁忌的话题？

【能力拓展】

假如你是 ×× 职业学校的应届毕业生，在一次人才招聘会现场，你听到两位经理人在谈论公司需要几名毕业生，而你所学的专业正好符合职位的要求。面对这种情况，你应该如何加入他们的谈话？

任务评价

实训任务评价表

评价维度	A	B	C	个人评价	小组评价	教师评价
能力达成	能恰当运用交谈礼仪，沟通顺利，效果良好	能运用一些交谈礼仪，基本完成沟通的目标	不能运用交谈礼仪，沟通随意性大			
知识掌握	对于交谈礼仪的礼貌用语、交谈主题、一般原则掌握70%以上	对于交谈礼仪的礼貌用语、交谈主题、一般原则掌握60%左右	初步了解交谈礼仪			
学习态度	任务过程中精力集中，全身心投入	主要任务环节认真投入，任务基本完成	能参与任务过程，但缺乏主动性			

任务六 馈赠礼仪训练 Task 6

任务指要

【任务目标】

1. 了解馈赠礼仪的一般原则和禁忌。
2. 在社会交往中能正确运用馈赠礼仪。

【任务要点】

本节介绍在生活中如何馈赠他人及如何接受他人馈赠的礼仪，馈赠的原则和禁忌。中国自古讲究“礼尚往来”，合适的礼品能在人际关系中起到润滑剂的作用，恰到好处的送礼也是促进人际关系的一种手段。

【任务重点】

掌握馈赠礼仪的一般原则和禁忌。

感知体验

朱小姐和王先生认识两年了，她觉得王先生不仅善解人意，而且很懂浪漫。自他们认识以来，他总是在恰当的时机送各种各样的花给她及她的家人。除了经常送她不同颜色和数量的玫瑰花之外，她母亲过生日时他送来一束康乃馨和天堂鸟；她父亲过生日时他送来一盆兰花和一盆龟背竹；过年时他送她家里一盆金橘；好友结婚时，他送了一大束百合；她母亲生病时他送来剑兰……真是想得非常周到与细致，对此朱小姐倍感甜蜜与幸福。

【思考练习】

1. 王先生送的花都有哪些寓意？
2. 如果以上场合不送花，你可以帮助王先生挑选其他礼物来替代吗？
3. 假如你是王先生，你该怎样把这些挑选好的礼物送给朱小姐的家人或朋友。

【明确】

1. 玫瑰寓意爱情；康乃馨象征母爱；天堂鸟在我国寓意长寿；兰花是花之君子，寓意高洁淡雅；龟背竹寓意健康长寿；百合花寓意百年好合；过年时在家里摆放一盆金橘寓意大吉大利；剑兰寓意健康。

2．训练中要注意不同场合、不同对象应该选择不同的礼物。

3．训练中要注意馈赠礼物的原则，合理使用称谓及礼貌用语。

进入任务

给表哥和外婆送礼

王琪是一名中职学校的学生。这天妈妈来电话说，王琪的表哥考上了心仪的大学，马上就要去报到了。妈妈让她今晚回去吃饭，为表哥送行，并告诉她，第二天是外婆的80岁大寿，全家人要一起为老人家庆祝。王琪和表哥都是外婆一手带大的，在这么重要的日子里，她想给表哥和外婆各准备一份礼物。

王琪应该送些什么礼物给他们比较合适呢？

【任务分析】

这个任务涉及人际交往中的馈赠礼仪。王琪应做好以下准备工作：

1．掌握馈赠的相关知识。

2．通过向家人打听，掌握外婆和表哥的喜好等情况。

3．恰当、准确地运用馈赠礼仪完成任务。

【相关知识】

馈赠是人们在社交过程中赠送给交往对象一些礼物，从而表达对对方的尊重、祝贺、感谢、慰问、哀悼、纪念、友谊等情感与意愿的一种交际行为。馈赠通过礼品作为媒介，达到沟通感情和保持联系的目的，充分表达对对方的友情与敬意，同时体现馈赠者的人品和诚意。

一、馈赠礼仪

1．礼品的选择

（1）根据馈赠对象选择礼品。“因人制宜”是馈赠礼品必须把握的原则。

① 要了解受赠对象的爱好和需求，根据受赠对象的爱好和需求来选择礼品，以增加礼品的实效性，增强对方的好感和信任。

例如，送长辈，应注重健康及实用，可以送保健品、按摩椅等；送老师和同学，应注重纪念意义，可以送书本、贺卡、相册等；送孩子，应注重安全和趣味性，可以送故事书或适合孩子年龄的玩具等。

② 要考虑自己与受赠对象之间的关系，如性别关系、友谊关系、亲缘关系等，不同的关系应当选择不同的礼品。

例如，送给普通关系的异性朋友一束象征爱情的玫瑰、送给女性朋友一枚珠宝戒指，都可能引起不必要的误会；送给客户一份过于私密化的礼物、送给领导一份过于昂贵的礼物，都可能引起对方的误解。

（2）根据馈赠目的选择礼品。“礼”是中国儒家思想最经典、最辉煌的一页。送礼也是最能表情达意的一种沟通方式。受风俗习惯的制约，送礼目的不同，选择的礼品也不同。根据不同目的选择礼品，才能准确表达自己的情意，发挥所赠礼品的正常功效。

例如，旅游归来可以送别人当地特色的食品及纪念品；庆祝生日可以送蛋糕、贺卡；朋友结婚可以送金银首饰、床上用品；开业庆典可以送花篮、贺匾、贺联；庆祝朋友乔迁之喜可以送室内配饰、厨卫用具；走亲访友可以送糖酒食品、新鲜水果；慰问病人可以送鲜花、营养品；庆祝节日可以送应节的食品或烟酒茶叶；可以赠送外国友人中国特色工艺品等。

2．礼品的包装

正式的礼品都应精心包装。良好的包装将使礼品显得更加精致、郑重、典雅，给受赠对象留下美好的印象。礼品包装一定要美观大方、简洁流畅，不要繁琐。在色彩、图案、形状乃至缎带结法等方面，都要与受赠对象的个人爱好与风俗习惯联系在一起。

例如，送给男性的礼品包装，应突出刚劲、粗犷、大方的特点，颜色可选冷色调，如银白、深蓝等；送给女性的礼品包装，应突出柔和、丰富、美丽的特点，颜色可选暖色调，如粉红、橙色等；送给老人的礼品包装，应突出朴实、庄重、实用的特点，还应考虑便于携带及拆封的特点；送给少年儿童的礼品包装，应突出活泼、夸张、可爱的特点，颜色要鲜明、富于变化，图案可选各种卡通形象。

特别要注意的是，在包装礼品之前，应撕掉价签。一般认为，礼品上贴着价签是非常不礼貌的。

3．送礼的时机

送礼在本质上是向他人表示友好、尊重与亲切之意，其目的是为了使对方开心、满意。送礼时挑选好恰当的时机，才能“送”出好人缘。

（1）选择送礼的最佳时机。例如，受赠对象生日、乔迁、生子、婚丧嫁娶、生病住院时，都是送礼的最佳时机。

（2）确定送礼的具体时间。例如，应在受赠对象方便之时送礼，也可以在某个特定时间给对方惊喜；主人送礼应在道别之时，客人送礼应在见面之初；如果给多人送礼，应先长辈后晚辈、先女士后男士、先上级后下级、先外宾后内宾，按照顺序进行。

4．送礼的地点

送礼时应注意区分公务场合与私人场合。在公务交往中，一般应选择工作场所或交往地点赠送礼品；而在私人交往中，则宜私下赠送，受赠对象的家中通常是最佳地点。

除此之外，还应根据馈赠的内容来选择适当的地点。例如，公开场合宜送大方、得体的书籍或鲜花等礼品，而与衣食住行有关的礼品则不宜在公开场合赠送。

5. 送礼的方式

（1）送礼途径。送礼有亲自赠送、委托他人转交、邮寄等途径。一般来说，礼品最好亲自赠送，若因故不能亲自赠送，要委托他人转交或邮寄时，应附上一份礼笺，注上姓名，并且用规范、礼貌的语句说明赠送缘由和态度。

（2）说明意图。当面赠送礼品时，应简要委婉地说明自己送礼的意图，并表明自己的态度，如“真心感谢您上次的帮助”“这是我为您精心挑选的，相信您一定会喜欢”等。

（3）介绍礼品。必要的时候应该对礼品寓意、用途、使用方法、特色等适当解释。

（4）注意仪态、礼貌用语。送礼者应着装规范、平和友善、举止大方，先向对方致意问候，双手递交礼品，再说一些吉言及祝福语。

6. 送礼的禁忌

送礼是为了更好地进行人际沟通，但是有时候送礼不仅达不到这种目的，反而会事与愿违，造成不良后果。为避免这种情况的发生，我们要有意识地避开一些禁忌。

（1）由于风俗习惯、民族差异、宗教信仰等形成的禁忌。例如，在我国，忌送钟，“送钟”与“送终”谐音；忌送鞋，“鞋”与“邪”谐音；忌送梨，“梨”与“离”谐音；忌送伞，“伞”与“散”谐音；在伊斯兰教国家，忌送烟酒、洋娃娃；在英国，忌送带大象或者鹤图案的礼物，因为大象代表愚笨，鹤代表荡妇；在印度，忌送用牛皮制作的礼物，因为牛被视为神圣的动物；在欧美国家，送礼应避开数字“13”；而在我国的部分省市和日本，送礼应避开数字“4”。

（2）受赠对象的个人禁忌。由于每个人的社会经历、兴趣、习惯等不同，形成一些个人的禁忌。送礼前要多方面了解，以免引起对方的不悦。

二、送花礼仪

鲜花是一种高雅的礼品，赠花是一门浪漫的艺术。鲜花既有实用价值，又有审美价值，可以传递感情，抒发胸臆，因而受到许多人的青睐，也是许多人最为欣赏的一种馈赠形式。送花要掌握以下一些礼仪。

1. 了解花的寓意

鲜花因品种、类型、颜色和数量的不同，被人们赋予了不同的寓意，表达不同的情感。送花首先要了解花的寓意（花语）。

常用的花语见下表。

表2-2-6-1　常用花语表

花名	花　语
玫瑰	象征爱情、热恋，代表永远的爱、纯洁的爱 （适合送给恋人、爱人）
百合	象征纯洁，代表心心相印、百年好合 （适合送给新婚夫妇、父母、爱人）
康乃馨	象征热爱、亲情，代表母亲对子女的爱 （适合送给母亲、长辈、老师）
郁金香	象征荣誉、财富，代表爱的表白、无尽的爱、永恒的爱、胜利
满天星	象征璀璨、浪漫，代表真心喜欢、珍惜所爱 （适合衬托、搭配其他鲜花）
牡丹	象征荣华、富贵，代表气质高雅、雍容华贵 （适合送给长辈、上司、客户等）
剑兰	步步高升、健康
非洲菊	有毅力，不怕困难
雏菊	纯洁无瑕
天堂鸟	自由吉祥
勿忘我	永世不忘
红掌	鸿运当头
龟背竹	健康长寿
紫罗兰	永恒的美
富贵竹	吉祥富贵
马蹄莲	永结同心
兰花	友谊，喜悦
万年青	友谊长存
大丽花	大吉大利
一品红	普天同庆
荷花	纯洁

2. 送花的形式

日常生活中赠送鲜花，可根据对象、场合等不同情况，分别送花束、大小花篮、盆花、插花、头花、胸花、花环、花圈等不同形式的鲜花。

例如，庆典活动送大花篮，探望病人送花束及小花篮，祭奠烈士送花圈、花束等；赠送男士宜用扇形花束、赠送女士宜用圆形花束等。

3. 常见的送花禁忌

在我国，红色的鲜花是最受欢迎的喜庆之花，白色的鲜花则常用于葬礼。而在西方婚礼上，白色鲜花则是最受欢迎的花，代表圣洁和祝福。探望病人，不能送气味浓郁的花，以免影响病人的病情和医院的环境。在西方，红白相间的花是不能送给病人的，因为这被看作不吉利。

菊花在西方许多国家被称为“葬礼之花”，如果献上这种花，则有诅咒的意味。菊花在我国也常用于清明节祭祖，生活中一般忌送菊花。

向外国友人送花时，还要注意花的数目。若是给欧美客人送花，最好是奇数，但不能送 13 枝花，因为“13”这个数字被认为会带来厄运。日本人忌数字“4”和“9”。

三、受礼礼仪

接受他人的馈赠，是对送礼者深厚情谊的一种肯定。不可对别人送的礼品漠然无视，也不可在接受礼品时行为失当。

1. 受礼有方

一般情况下，对于一件得当的礼品，要欣然接受，并且表示感谢。

按照国际惯例，受礼后一定要当面拆启包装，仔细欣赏，并且对礼品适当地赞赏几句。在许多西方国家，受礼后不当面拆封或者是暂时将礼品放在一旁，都会被视为失礼。中国人内敛含蓄，不习惯当着送礼者的面打开礼品，所以与国人交往时也可遵守这一传统习惯。

2. 事后答谢

接受他人礼品时，应充分表达谢意。尤其是接受了对方赠送的较为贵重的礼品后，往往还需要用打电话、发短信、电子邮件等方式再次致谢。若礼品由他人代为转交的，则更要致谢。必要时还应选择适当的时机还礼。

3. 谢绝有方

如果礼品涉及原则性问题，则应果断或委婉拒绝。在拒收礼品时，应保持礼貌、友好，首先向对方表达感激之情，然后详细说明拒收的原因。

在人多的场合拒绝他人所送的礼品，往往会使送礼者尴尬异常。为避免这种情况，可事后尽快将礼品亲自归还对方，时间一般在 24 小时之内。

实操实训

1. 进行生活中馈赠礼仪的训练。
2. 向妈妈请求帮助，提供外婆、表哥的年龄、喜好等个人信息。
3. 根据自己的经验，回忆外婆和表哥的喜好和禁忌。

完成任务

回到任务“给表哥和外婆送礼”场景中。

地点：王琪家、酒楼

人物：表哥、王琪父母、外婆、其他亲人

任务：给表哥、外婆选择合适的礼物并送出

注意：1．选择合适的礼物。

2．注意送礼时准确运用礼貌用语，注意个人仪态。

3．教师及时点评。

实训任务操作表

序号	步骤	操作及说明	要　求
1	馈赠礼品	（1）小组场景模拟训练，同桌一对一训练 （2）小组成员分别模拟老师、父母、同事、朋友等不同对象，训练如何根据对象来选择礼品 （3）小组成员分别模拟老师过教师节、父母结婚纪念日、同事新居入伙、朋友儿子满月等不同场景，训练如何根据送礼目的来选择礼品 （4）一对一训练如何得体地把礼物送至对方手中	（1）根据不同对象、不同目的选择合适的礼品，让对方感到送礼者的诚意 （2）赠送礼品时简单介绍送礼的意图，以及礼品的寓意 （3）注意双手递交礼品，仪态大方，使用礼貌用语
2	接受他人馈赠	（1）同桌一对一训练 （2）模拟从老家回来，送同事家乡特产的场景，训练如何接受礼品 （3）模拟送黄金、现金等贵重物品的场景，训练如何谢绝他人不恰当的送礼	（1）礼貌地接受礼物，并于事后找合适机会再次道谢 （2）谢绝礼品讲究方法、注意原则 （3）正确使用礼貌用语，特别是道谢语

巩固拓展

【巩固训练】

一天，小杨去会见自己的一位外国朋友。会见完毕，外国朋友送给他一件礼物，是一条用报纸包裹好的领带。小杨虽然很纳闷，但还是很高兴地接受了这份礼物。回到家打开报纸，他发现领带的背面赫然写着“土耳其航空公司”的字样。原来，这是航空公司赠送给 VIP 乘客的礼物。小杨不敢相信自己的眼睛，他感觉受到了前所未有的侮辱。

1．请说说案例中反映的失礼之处。

2．馈赠礼仪包含哪些方面的内容？

【能力拓展】

小莉收到一份来自朋友的生日礼物，她认为礼物很差，不符合她的心意，请问她应该怎么做？为什么？

任务评价

实训任务评价表

评价维度	A	B	C	个人评价	小组评价	教师评价
能力达成	准确运用馈赠礼仪进行社会交往，效果良好	能够运用馈赠礼仪进行社会交往，效果一般	不能运用馈赠礼仪进行社会交往			
知识掌握	对于馈赠礼仪、受礼礼仪掌握70%以上	对于馈赠礼仪、受礼礼仪掌握60%左右	了解馈赠礼仪及受礼礼仪			
学习态度	任务过程中精力集中，全身心投入	主要任务环节认真投入，任务基本完成	能参与任务过程，但缺乏主动性			

任务七 通信礼仪训练 Task 7

任务指要

【任务目标】

1. 掌握通信礼仪的一般知识。
2. 恰当运用电话礼仪进行交际。
3. 懂得运用其他通信方式进行人际沟通。

【任务要点】

本节介绍接听及拨打电话的礼仪，传统书信及电子邮件的书写礼仪，以及网络沟通礼仪的一般知识。现代社会中，人们最常用的通信工具是电话、书信和网络，只有掌握这些通信礼仪，才能做到有效沟通。

【任务重点】

恰当运用电话礼仪进行交际。

感知体验

刘小姐到外地出差一周，她住在A酒店1132房。晚上洗澡后发现房里没有吹风机，于是，她拨通了前台的电话。对方接起电话："喂！"刘小姐说："你好，麻烦给1132号房送一个吹风机，谢谢！"对方说了一句"嗯"就把电话挂了，刘小姐顿时感到有点莫名其妙。她怕对方没听清楚，就再次打电话过去，对方接起了电话又是一个"喂"，刘小姐又重复了一遍："你好，麻烦给1132号房送一个吹风机，谢谢！"对方不耐烦地说了一句"你刚才不是说过了吗？已经听到了。"然后"砰"地又把电话挂了。刘小姐生气极了。第二天，她果断退房换了一家酒店。

【思考练习】

1. 刘小姐为什么如此生气？
2. 前台服务人员接听电话时有哪些失礼之处？
3. 如果你是前台服务人员，你应该如何接听刘小姐的电话？

【明确】

1．前台服务人员不懂得接听电话的礼仪，让刘小姐心情非常不好。

2．前台服务人员接听电话时，没有向客人问好，没有合理地运用礼貌用语，语气语调十分生硬和冰冷，挂电话也很不礼貌。

3．学生训练中注意接听电话的礼仪，并注意礼貌的服务态度。

进入任务

消除误会

晓峰因故受到了同学丽君的指责，但其实只是个误会。晓峰感到很委屈，晚自习后回到家他想了很久。已经深夜 12 点了，他心里还是很不安，特别想打电话跟同学解释一下，并就这次误会向同学深深致歉。

晓峰应该怎样打这通电话？他还能用哪些方式更好地沟通此事？

【任务分析】

这个任务涉及通信接待中的通信礼仪。晓峰应做好以下准备工作：

1．掌握电话礼仪的相关知识。

2．通过向同学了解，提前熟悉丽君的作息时间、生活习惯等情况。

3．恰当运用拨打电话的礼仪完成任务。

4．掌握其他通信方式的礼仪规范，并尝试用书信、电子邮件、网络留言等方式完成沟通任务。

【相关知识】

现代社会，各种高科技手段拉近了人与人之间的距离。即使远隔天涯，也可以通过现代通信技术近若比邻。在日常的沟通活动中，使用最多的通信工具是电话、书信以及网络。

下面，让我们来学习电话礼仪、书信礼仪以及网络礼仪。

一、电话礼仪

现代社会，人们的许多交往都是通过电话进行的，如聊天谈事、信息沟通、约会交友、交流感情。接打电话不仅已经成为一种便捷的通信手段，而且成为人们日常生活中重要的交际方式。打电话包含着丰富的礼仪技巧，从电话中能够听出通话双方的综合素质和水平。

1．拨打电话的礼仪

（1）拨打电话的时间。一般情况下，不要选择过早、过晚、对方忙碌或者休息的时间打电话。

例如：

工作电话应在上班时间拨打，避免在工作之外的休闲娱乐时间拨打；

私人电话应尽量避开对方休息、吃饭的时间。一般来说，上午 7 点半以前、晚上 10 点以后打电话到别人家里都是不合适的；

提前预约过通话时间的，应严格遵循约定；

拨打不在一个时区内的长途电话，应考虑到时差。

（2）准备通话的内容。拨打电话应提前准备，如果要谈的内容较多，可在纸上列出。

（3）使用礼貌的开头语。当对方接起电话后，应当有礼貌地称呼对方，亲切地问候：“×× 您好”，然后报出自己的姓名等信息。如果需要讲的内容较长，可问“请问现在与您谈话方便吗？”

（4）注意通话的声调和仪态。“声如其心，声如其形”，从声音、语调可以感受到对方的情绪。因此通话中，应声调平和、吐字清晰、语速适中、富于感情。

打电话时的姿势，对方是能够“听”出来的。如果打电话时弯着身子窝在沙发上，对方听到的声音就是懒散的、无精打采的。无论是站着还是坐着打电话，都要尽可能保持仪态的端正。

（5）注意通话的时长。一般情况下，一次通话的时长应当不超过 3 分钟。通话时要有意识地简化内容，尽量简明扼要、长话短说。如有重要问题必须强调，则可根据具体情况而定。

（6）使用礼貌的结束语。结束通话时，应当有礼貌地跟对方说“再见”“谢谢”“祝您生活愉快”等恰当的结束语。

2．接听电话的礼仪

（1）及时接听。电话铃响了，要及时去接，不要怠慢，尽量不要使铃响超过三次。让对方久等是十分不礼貌的。如果确实很忙，可表示歉意，说：“对不起，请过 10 分钟再打过来，好吗？”

（2）礼貌问好。勿用“喂”。接听私人电话时，应主动问好，如“您好”。接听工作电话时，应主动问好并自我介绍。例如，“您好，×× 公司 ×× 部门”。当你知道对方的姓氏或听出对方是谁时，就要用姓氏去称呼对方。

（3）文明应答。接听电话时，应有问必答、依问作答，并不时地回应“是”“好”“请讲”“我明白了”“嗯”等，让对方感到你在认真听电话。

（4）认真记录。工作电话通常都要做好记录，应事先准备笔和纸。电话中传达的重要内容及涉及号码、数字、日期、时间等的信息，应加以核实，以免出错。

图2-2-7-1　记录电话内容

（5）代接电话注意礼貌。接电话时，如果对方找的不是自己，应友好地回答“对不起，请您稍等”；如对方找的人不在，应说“对不起，让您久等了，他现在不在，请问有什么需要转告的吗？”如果对方有此需求，应做好记录，并及时转告。代接电话时，最好询问清楚对方姓名、电话、单位名称等，以便在转告时为受话人提供便利。在不了解对方的动机、目的时，不要随便说出受话人的行踪和其他个人信息，如手机号码。

（6）礼貌地挂断电话。挂电话一般由尊者、长者、女性、主叫方先挂。挂断电话前的礼貌不可忽视，要确定对方已经挂断电话，才能轻轻挂上电话。

3. 手机使用礼仪

手机是现代社会传递信息不可缺少的通信工具，给我们带来了许多便利。接听、拨打手机的礼仪与接听、拨打电话的礼仪大体相当，但是使用手机还要注意遵守以下一些礼仪：

（1）公共场合不打扰他人。在一些公共场合、办公场合，如公交车、地铁、办公室等场所，不能旁若无人地大声接打电话，应该尽量压低声音。

在一些需要保持安静的公共场所，如图书馆、音乐厅、美术馆、影剧院等场所，应关机或把手机铃声调成静音。

（2）安全使用手机。不要在乘飞机时使用手机，以防干扰导航系统，影响飞行安全；不要在驾车时使用手机，以防发生车祸；不要在病房使用手机，以防影响仪器正常工作，耽误病人治疗；不要在加油站、油库等地方使用手机，以防引发爆炸、火灾；不要在雷雨天露天使用手机，以免引发雷击危险。

二、书信礼仪

书信是人们生活中最为普通、最为传统的一种沟通方式。掌握书信的格式和要求，能够很好地交流感情、传递信息。一封措辞得体的书信，也是一个人素质和涵养的体现。

1. 书信的格式

我们先来看一个范例：

小洁同学：

你好！最近身体好些了吗？

分别已经快一年了，咱们班的同学们都非常想念你。

前几天，我们毕业旅行的时候，班主任还念叨你呢！

（以下正文内容省略）

我们都希望你能早日康复，回广州相聚。

此致

敬礼

同学：李萍

2013 年 7 月 1 日

一般的书信由六个部分构成，分别为：称呼、问候语、正文、祝愿语、署名、日期。下面结合范例说说书信格式上的要求。

（1）称呼。收信人的称呼顶格写在第一行，后面加上冒号，表示下面有话要说。如范例中的“小洁同学：”。

（2）问候语。问候语要写在称呼的下一行，空两格。它可以独立成为一段。如范例中的“你好！最近身体好些了吗？”。

（3）正文。 正文一般分为连接语、主体文、总结语三个部分。每一个部分开头都应另起一行，空两格。

（4）祝愿语。祝愿语是在书信结束时向对方表达祝愿的话。多用“此致”“顺祝”等词紧接正文末尾，也可以独占一行，空两格写，下一行顶格处，用“敬礼”“安康”等词与之呼应。如范例中的“此致敬礼”。

（5）署名与日期。署名应写在敬语后另起一行靠右的位置。在署名的前面一般还要加上合适的称谓，如“同学”“好友”“弟”“妹”等，如范例中的“同学：李萍”。一般写给领导或不太熟悉的人，要署上全名以示庄重、严肃。日期可写在署名的后边，也可以另起一行。

2. 信封的格式

信封上应依次写上收信人的邮政编码、地址、姓名及寄信人的地址、姓名和邮政编码。

收信人的邮政编码要填写在信封左上方的方格内，收信人的地址填写详细无误，字迹工整清晰。收信人的姓名应写在信封的中间，字号要略大一些。在姓名后空二、三字处写上“先生”“女士”等称呼，后加“收”“启”等字。寄信人地址、姓名要写在信封下方靠右的地方，并尽量写得详细一些。最后填写寄信人的邮政编码。

三、网络礼仪

近年来，网络已经成为人们讨论公共事务、表达意见、进行舆论监督以及学习、工作、交往、进行政治经济活动等的一个重要公共平台。我们在网络上与他人接触的过程中，要格外注意网络礼仪的规范。

1. 网络沟通的基本原则

（1）遵守国家法律法规。网络上的生活和现实中的生活一样，要遵守各种相关的法律法规，要使自己的言行符合礼仪规范。例如，发布虚假消息、随意散布谣言、制造恐慌、恶意传播病毒等都是违法的行为。

（2）文明交流、言语有度。在网络上与人交流时，应确保用语的规范和文明，不得使用攻击性、侮辱性语言，不能夸大事实甚至歪曲事实。

（3）尊重他人的言论自由。在网络中，我们都是以虚拟的身份出现并表达个人想法的。应在合理的范围内尊重他人的言论自由，在不违反道德和法律的原则下，给予对方一定的表达空间。

（4）有网络安全意识。在网络交流中，应该有网络安全意识，不轻易泄露自己和他人的信息。坚决抵制各种威胁网络安全的行为。

知识链接

《全国青少年网络文明公约》

2001年11月22日上午，共青团中央、教育部、文化部、国务院新闻办公室、全国青联、全国学联、全国少工委、中国青少年网络协会在中国人民大学联合召开网上发布大会，向社会正式发布《全国青少年网络文明公约》。这标志着我国青少年有了较为完备的网络行为道德规范。

公约内容如下：

要善于网上学习，不浏览不良信息。

要诚实友好交流，不辱骂欺诈他人。

要增强自护意识，不随意约会网友。

要维护网络安全，不破坏网络秩序。

要有益身心健康，不沉溺虚拟时空。

2. 常用网络行为礼仪

（1）发送电子邮件的礼仪。电子邮件，即E-mail，它的特点在于快速、便捷。现代人写传统书信的机会越来越少，大多数人都用E-mail通信。E-mail有传统书信礼仪的一些基本原则，如结构、敬语、称呼等还是和传统书信一样的。

在发送 E-mail 的过程中，要注意小心使用抄送功能，否则会造成信息的泄露；使用附件功能时，如果附件较大，则应先确认对方邮箱附件的容量，以免信息无法传递；比较重要的邮件，应当及时通知收件人查收，以免延误工作或学习；收到他人邮件时，应及时回复，如长时间无法查收邮箱，可以开启邮箱的自动回复功能，以示礼貌。

（2）使用实时聊天工具的礼仪。实时聊天工具是现代人常用的一种网络交流工具。常用的聊天工具有 QQ、微信等。在使用实时聊天工具聊天时，同样需要遵循现实生活中的交谈礼仪规范，注意文明用语，及时应答。除此之外还应注意，如果对方在公共场合，则不宜发送语音信息。

（3）使用聊天室和留言板的礼仪。在网络时代，去聊天室聊天、去论坛看各类消息、去朋友圈和空间看朋友的生活动态、去微博与朋友互动等，已经成为人们生活中很重要的一部分。在这些场合中，我们应该本着平等相待的态度，创造和谐的网络环境；要对自己发送的信息、评论负责；在转发了他人的原创内容后，应告知对方并注明出处；及时回复他人的评论；不侮辱和谩骂他人，不侵害他人名誉等。

实操实训

1. 拨打电话及其他通信方式的礼仪训练。
2. 通过向同学了解，提前熟悉丽君的作息时间、生活习惯等情况。
3. 了解丽君常用的通信方式。

完成任务

回到任务“消除误会”场景中。

地点：晓峰家中

人物：丽君、晓峰

任务：通过跟丽君解释，消除丽君对晓峰的误会

注意：1. 掌握正确的时间，礼貌地拨打电话。

2. 网络留言、寄书信和发 E-mail 应注意礼貌用语及正确格式。

3. 教师及时点评。

实训任务操作表

序号	步骤	操作及说明	要求
1	拨打电话	（1）同桌一对一训练 （2）模拟向老师拨打电话咨询课堂作业的场景，训练拨打电话的一般步骤 （3）模拟拨打企业招聘电话自荐的场景，训练拨打电话的礼貌用语和体态、音调等	（1）提前准备通话内容、选择拨打电话的时间、使用礼貌的开头语和结束语 （2）拨打电话时体态端正、音调适中，吐字清晰、用语文明

续表

序号	步骤	操作及说明	要求
2	接听电话	（1）同桌一对一训练 （2）模拟办公室文员接听客户来电的场景，训练接听电话的一般步骤、礼貌用语等 （3）模拟在办公室代接同事电话的场景，训练代接电话的礼仪	（1）响三声内接起，使用礼貌的开头语和结束语 （2）代接电话应礼貌应答、做好记录 （3）语调亲切、文明有礼

巩固拓展

【巩固训练】

一位数学老师在期末考试后收到一位学生的 E-mail，信件短暂而语气急切：“老师，我数学考了多少分啊？好担心啊，请速回！！”老师一看没署名，不知道怎么查他的成绩，再查看此学生的电子信箱：zqy1105。zqy 应该是这位学生的名字缩写吧？老师心想。但查过名单后发现班里有好几个符合这个缩写的名字，老师很是无奈，于是回复：“zqy1105 你好！回复信件时请告知你的姓名！ ×× 老师。”

1．这位同学写给老师的信当中有哪些不合适的地方？

2．请你帮助这位同学写一封礼貌、有效的电子信件。

【能力拓展】

小美是幼师专业的一名学生，今年正在一家早教机构实习。小美非常喜欢小朋友，经常在课余时间给小朋友们拍照。拍照后她会发微博，有时还会把照片中孩子的名字写在微博中。请问小美的这种行为妥当吗？为什么？

任务评价

实训任务评价表

评价维度	A	B	C	个人评价	小组评价	教师评价
能力达成	恰当运用通信礼仪，沟通效果良好	通信礼仪运用比较模糊，能够完成沟通目标	不能运用通信礼仪，沟通随意性大			
知识掌握	对于电话礼仪、书信礼仪及网络礼仪掌握 70% 以上	对于电话礼仪、书信礼仪及网络礼仪掌握 60% 左右	了解电话礼仪、书信礼仪及网络礼仪			
学习态度	任务过程中精力集中，全身心投入	主要任务环节认真投入，任务基本完成	能参与任务过程，但缺乏主动性			

任务八 递物与接物礼仪训练

Task 8

任务指要

【任务目标】

1. 掌握递物接物的一般原则。
2. 熟练运用递物、接物礼仪进行交际。

【任务要点】

本节介绍社会交往中递物与接物的一般原则，以及递物与接物的礼仪与禁忌。“细节决定成败”，“彬彬有礼”应体现在每一事、每一时上。递物、接物的动作看起来简单，却是日常生活中必不可少的举止，这个小小的举止体现的是双方的互相尊重。

【任务重点】

熟练运用递物与接物礼仪。

感知体验

小高是××高校的毕业生，由学校推荐到××公司面试经理助理的职位。面试时，考官问小高:“简历带来了吗？”小高答:“在这儿！”然后从包里搜出了一本皱巴巴的简历，丢在了考官的桌面上。只见考官皱了皱眉，看也没看，就双手把简历递还给了小高，并说:“你回去等通知吧！”小高顺手用左手接过了自己的简历并说:“谢谢！”随即转身离开，考官则在他身后摇了摇头……

【思考练习】

1. 小高能否等到被录用的通知?
2. 哪方面的问题让考官对小高皱眉摇头?
3. 如果你是小高，你应该怎样礼貌地递上自己的简历?

【明确】

1. 小高不会被录用。
2. 小高没有注意递接简历的礼仪，让考官很不满意。
3. 训练中要注意准确运用递物与接物礼仪，并注意仪态大方、语言得体。

进入任务

家庭接待

今天，王玫的爸爸邀请他的一位朋友来家里做客。客人坐下后，爸爸请王玫帮忙倒茶，并把准备好的水果及水果刀拿给客人。王玫应该怎样递送茶水、水果及水果刀给这位客人呢?

【任务分析】

这个任务涉及日常生活中的递物礼仪。王玫应做好以下准备工作：

1. 掌握递物礼仪的相关知识。
2. 准确运用递物礼仪完成爸爸交给她的任务。

【相关知识】

在我们的日常生活中，递物和接物是一种时时都会发生的行为。例如，在学校给老师递作业、递资料；在家里给客人递茶水、递报纸；在公务场合递名片、递烟；在单位给同事递文件、递签字笔等。同样，我们也在时时地接受别人递过来的物品。就在这一递一接中，处处显示礼节，时时体现个人素质。

一、递物与接物的原则

递物与接物要讲究仪态、尊重他人。

1. 双手递接

递物与接物宜用双手，如果不方便用双手或东西太小不必用双手时，一般用右手。以左手递物、接物，通常被视为失礼之举。

图2-2-8-1 双手递接物品

递接物品的同时可以说一声符合当时情节的礼貌用语。如递茶水时可说“请您喝茶”，接过茶水时可说“谢谢”；归还他人物品时可说“谢谢！麻烦您了”，接过物品的一方则可说“不用客气”。

2. 目视对方

递物与接物应当保持微笑、目视对方，而不要只顾注视物品。

图2-2-8-2　递接物品目视对方

3. 上身前倾、起身接物

用双手递出物品时，身体应稍往前倾 15° 并行点头礼，切不可挺胸抬头或坐着不动地将物品递给对方。

一般情况下，接物时必须起身站立以示礼貌。即使对方是晚辈、下级，也应欠欠身，表示对对方的尊重。

4. 方便接拿、递于手中

在递物时，双手的高度应以对方便于接拿物品为标准，不要让对方感到接物时无从下手。

递给他人的物品，以直接交到对方手中为宜，一般不要将物品放在别处。在对方要求放在别处时，应礼貌地说明“我帮您放在这儿了”。

二、递物的礼仪

（1）递送账单、名片、文稿、协议书等时，应把文字正面朝向对方。例如，递交书本时，不可倒置，应把文字正面朝向对方，让对方能够方便地看到书的封面；递交名片时，应用双手恭敬地递上，且名片的正面朝向对方，让对方能够方便地看到名字、职务等信息；学生交作业给老师时，同样也应将作业本的文字正面朝向老师，以便老师批改。

（2）递送笔、刀具、剪刀之类尖利的物品时，需将尖端朝向自己握在手中，而不要指向对方。例如，客人签单或者签署协议，需递签字笔给对方时，应把笔套打开，笔尖对着自己，然后递到客人的右手上，让对方便于接拿并方便书写；递刀具时，应双手托住刀身，把刀刃对着自己，或者刀刃向下，自己手握刀背，将刀把朝向对方，同时还应提醒对方“您小心点儿”。

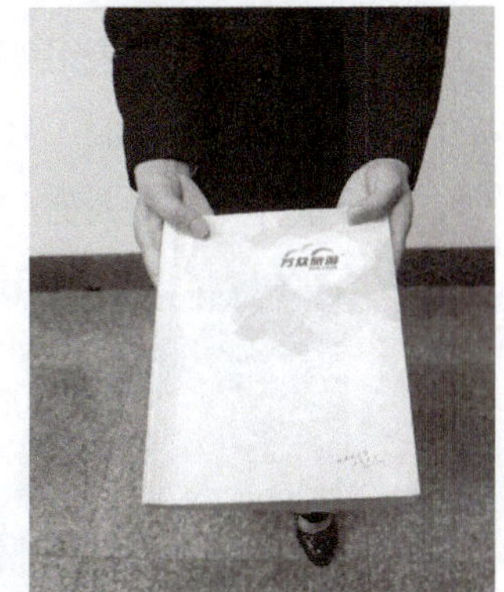

图2-2-8-3　文字朝向对方

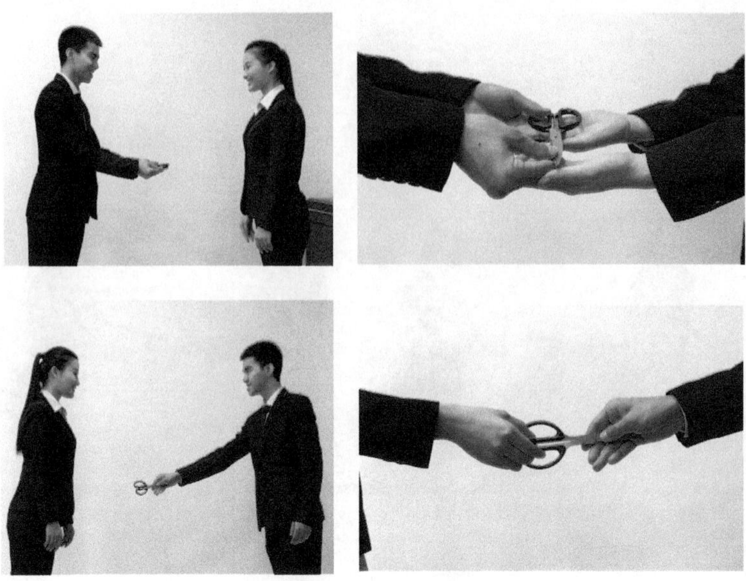

图2-2-8-4　递送尖利物品

图2-2-8-5　递送签字笔

（3）递送有明显把手的物品，必须将有把手的一面朝向对方的右手。例如，给客人递茶水时，应一手托杯底，另一手扶杯壁，将茶杯把儿朝向客人的右手，双手递上。若茶水较烫，可将茶杯放到客人面前的茶几上，将茶杯把儿朝向对方右手放好，并说“请用茶”。

图2-2-8-6　递送茶杯

（4）递送尺子等较长物品时，应横向递出。

（5）递送鲜花时，应斜捧着花束双手递给对方。

三、接物的礼仪

1. 接受对方的名片

在接受他人名片后，要仔细看一遍或有意识地谈一下名片的内容，不可接过名片后看都不看就放入口袋，不可在对方名片上写备忘事情、无意识地转动对方的名片或者到处乱扔。（详见任务四“名片交换礼仪训练”）

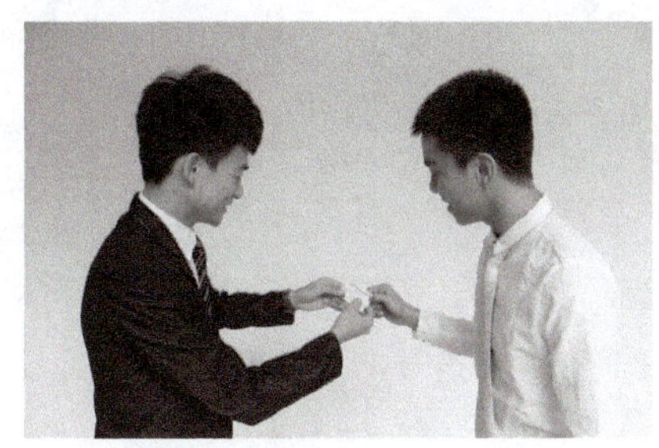

图2-2-8-7 接受他人名片

2. 接受带有利刃的物品

对方递来带有利刃的物品，接过来后必须迅速地将利刃转过来，不要继续对着对方。

3. 接受奖状、奖品

接受奖状、奖品时，应双手去接，行鞠躬礼后转过身体，面向台下，将奖状、奖品高举过头顶或双手拿好置于胸前向大家展示。

4. 接受对你而言毫无价值的物品

如果对方递过来的物品对你而言确实没有价值的话，在对方离开前，也应将该物品放在一个合适的位置，切不可随意扔到一边。

实操实训

1. 提前熟悉递送茶水、递送带有利刃的物品的递物礼仪。
2. 进行递物训练。

完成任务

回到任务“家庭接待”场景中。

地点：王玫家中

人物：爸爸的朋友、爸爸、王玫

任务：礼貌地接待家里来访的客人

注意：1．准确地运用递物礼仪给客人递送茶水、水果及水果刀。

2．注意用语礼貌，待客热情。

3．教师及时点评。

实训任务操作表

序号	步骤	操作及说明	要求
1	递物	（1）同桌一对一训练 （2）模拟给初次见面的朋友递名片的场景，训练递送名片等印有文字的物品的礼仪 （3）模拟客人来访时主人给客人端茶递水的场景，训练递送茶杯等有明显把手的物品的礼仪 （4）模拟签署文件时秘书给经理递送文件及签字笔的场景，训练递送笔等尖利物品的礼仪	（1）递送印有文字的物品时文字应朝向对方 （2）递送有明显把手的物品时应将把手对着对方右手 （3）递送尖利物品时，应避免尖利的一端对着对方 （4）递送物品时应双手递上、上身前倾，用语礼貌
2	接物	（1）同桌一对一训练 （2）模拟接受朋友名片的场景，训练接受名片的礼仪 （3）模拟接受其他物品的场景，训练接受物品的一般礼仪	（1）双手接物、仪态大方、用语礼貌 （2）接受他人名片时适当谈一谈名片上的信息，并且存放好

巩固拓展

【巩固训练】

老邹去参加朋友的婚宴，宴会桌上人们都互送了名片。吃饭的时候，老邹感觉有些热，于是拿起刚才收到的名片扇风。服务员过来更换骨碟时，老邹居然顺手将名片丢到了将要更换的骨碟里。

1．在宴会上老邹有哪些失礼的行为？

2．在接受了别人的名片后，应该注意哪些问题？

【能力拓展】

莹莹所在的班级本月获得了学校的流动红旗。升旗仪式上，校长将亲自为获奖班级颁发流动红旗，莹莹要代表班级上去领奖。请问莹莹应该怎样接受颁奖？

任务评价

实训任务评价表

评价维度	A	B	C	个人评价	小组评价	教师评价
能力达成	熟练运用递物与接物礼仪，沟通效果良好	能够运用递物与接物礼仪，完成沟通目标	不能运用递物与接物礼仪			
知识掌握	对于递物、接物礼仪掌握70%以上	对于递物、接物礼仪掌握60%左右	了解日常的递物、接物礼仪			
学习态度	任务过程中精力集中，全身心投入	主要任务环节认真投入，任务基本完成	能参与任务过程，但缺乏主动性			

项目三 常用商务礼仪训练

项目概述

商务礼仪是在商务活动中体现相互尊重的行为准则。其核心作用是体现人与人之间的相互尊重。简单地讲，商务礼仪是人们在商务活动中体现的仪容仪表和言谈举止等行为准则。本项目着重从办公室日常礼仪、接待和拜访礼仪、会务礼仪、差旅礼仪、宴请礼仪、求职礼仪六个方面对学生进行文秘工作的礼仪训练，从而使学生具备职场上常用的商务礼仪。

训练目标

本项目的训练可使学生了解职场中商务礼仪的基本知识，具备职场中常用的商务礼仪能力，在工作中能以最佳的礼仪行为处理问题。

任务一 办公室日常礼仪训练

Task 1

任务指要

【任务目标】

1. 掌握办公室日常礼仪的规范知识。
2. 恰当运用办公室日常礼仪进行交际。

【任务要点】

本节介绍了办公室日常礼仪规范的知识，并介绍了上下级关系和同事关系的礼仪要求，通过掌握办公室日常礼仪要求来促进职场工作，拉近工作伙伴情感，减少摩擦，使职场交际更加顺畅。

【任务重点】

恰当运用办公室日常礼仪。

感知体验

小红是今年刚毕业的学生，经过几轮的笔试和面试，终于被一家规模颇大的合资企业录用为前台秘书。年轻漂亮的小红意气风发，她刚参加工作，想好好表现，得到领导的认可。到单位上班后，她每天笑容满面、礼貌热情，抢着接待客人，对公司其他部门的同事也是嘘寒问暖，大家都夸奖她伶俐能干。

但是，她发现前台的其他四个同事对她很冷淡。其中，赵姐的资格最老，已经来公司三年了。小红明显地感觉到赵姐对自己的敌意很深，问她什么事都爱答不理的，而另三位同事唯赵姐马首是瞻，对自己也很疏远。刚开始，小红没有太在意，心想做好自己的工作就行了。后来，她发现这很困难。因为前台接待的客人很多，工作头绪又多，她虽然受过培训，但毕竟初来乍到，还有很多业务不是很熟悉，需要同事们的指点和帮助。认识到这一点，小红开始反省自己，是不是哪些方面做得不好，使得同事讨厌自己。她决心改变工作方法。接下来的日子，小红经常为同事们打水、打饭、跑腿、脏活累活抢着干，虚心向同事们学习。人力资源部经理过来问她："工作怎么样？和同事们处得怎么样？"小红也当着赵姐的面回答说："经理不用担心，赵姐她们经验丰富，经常教给我很多东西，也经常帮助我把工作做好。”经理满意地走了。慢慢地，小红发现赵姐等人对待自己的态度变了，不再那么冷淡了。终于有一天，赵姐对她说：“小红，今天跟我们一起吃饭吧。近一段时间你也辛苦了，以后我们好好相处，一起把工作做好。”小红欣慰地笑了。

【思考练习】

1．你怎样看待小红刚到公司的表现？

2．如果你是小红，遇到单位有人敌视你，你会怎么做？

3．你怎样看待赵姐等人对待小红的做法？

【明确】

1．小红刚到单位还不了解公司状况，就急于表现自己的能力，表现自己的出类拔萃，不注意与部门同事搞好关系，打成一片。这样，就使得部门其他同事很难接受她，视她为潜在的竞争对手或是异己力量，甚至联合起来一起排挤她，使她的工作陷入被动。

2．新人到岗后，不要高调地介入工作，而应该先熟悉组织内部、外部的人际环境，再决定自己应该采取怎样的姿态开展工作，这样才容易融入群体，站稳脚跟。

3．一旦发现同事中有敌视你的人，不能不在意，一定要及时洞察她敌视你的原因，了解后马上采取有效措施予以化解。否则，积怨会越结越深，给工作带来不利影响。小红就是及时发现问题，及时反省自己，主动修复关系，最终和敌视她的赵姐及其他同事和睦相处。

进入任务

陌生办公室

小敏是个性格内向、刚走上实习工作岗位的学生，职场对于她来说既充满了新鲜感，又充满了恐惧感。上班第一天，小敏在本部门经理的带领下和同事们打了招呼，每个人都对小敏微笑、握手，可是部门领导一走，办公室里的同事立刻露出“真容”。部门经理让小李当小敏的师傅并带小敏熟悉业务，可小李只顾埋头做自己的工作，对手足无措的小敏根本不予理睬。小敏刚来公司，面对工作不知从何下手，也不知道该去问谁，请你帮帮小敏。

【任务分析】

这个任务涉及商务礼仪中的办公室日常礼仪。小敏应做好以下准备工作：

1．掌握办公室日常礼仪的相关知识。

2．通过端正自己心态向同事了解公司情况以及自己工作业务。

3．运用办公室日常礼仪处理职场中的人际关系。

【相关知识】

办公室日常礼仪是处理办公室人际关系的行为规范。这些礼仪虽然繁琐细小，却是提高工作效率不可忽视的因素。办公室日常礼仪规范主要包括上下级之间的礼仪和同事之间的礼仪。

一、上下级关系中的礼仪要求

上级对下级的一切工作负有指导责任，下级应服从上级，把上级的意图变为具体的行为。上下级这种特殊关系决定了上下级相处时需符合礼仪规范。

1. 上级对下级的礼仪要求

原则：既要关心爱护，又要严格要求。

（1）在管理过程中，上级要态度和蔼，平心静气，接待下级时要热情，对下级反映的意见和问题要仔细倾听，耐心解释，合理解决。

（2）上级对下级的生活要关心，但是对下级的私事不应该干涉。

（3）上级对下级的错误要予以批评指正，但也要欢迎下级提出意见，只有这样才能体现出领导者的风范和度量。

（4）任人唯贤，不徇私情，避免感情用事。

（5）以身作则，言必行，行必果，否则容易失去在下属心中的信赖和威信。

2. 下级对上级的礼仪要求

（1）在工作上，下级要自觉服从上级的正确领导和指挥，服从组织上的安排，而不是表面上的谦恭和服从。如与领导发生意见分歧，不要当面顶撞领导，应该委婉地表达自己的意见和看法。

（2）努力维护领导的形象和声誉，不说有损领导形象的话，不做有损领导形象的事，尊敬领导，做到不越位、不添乱。

（3）在领导遇到困难时，下级应协助解决；领导不了解情况时，要帮助他们了解情况；领导和群众有矛盾时，要从中调解。

（4）如果遇到不关心下级、以权压人甚至给人“穿小鞋”的领导，不要消极怠工或到处发泄，要学会在矛盾激化时化解矛盾。

二、同事关系中的礼仪要求

（1）提高共事能力，处理好同事之间的关系。同事之间应相互尊重、相互关心、相互帮助、相互信任，以诚相待。

（2）年轻者应虚心向年长者请教，尽快提高自己的工作能力；年长者要关心爱护年轻者，互相学习，取长补短。

（3）同事相处，应以大局为重，求同存异，不能以自己的标准去苛求别人，遇到工作上有分歧时，态度要冷静，虚心听取对方的意见。

（4）与同事相处应保持适当的距离。未经他人同意不要擅自动用他人的物品、文件、电脑。与异性同事相处，不能过分亲密，要保持适当的距离。

图2-3-1-1　与同事相处

实操实训

1．办公室日常礼仪训练。

2．学会如何向同事请求帮助。

3．学会如何与领导沟通。

4．学会如何与同事相处。

完成任务

回到任务“陌生办公室”场景中。

地点：办公室

人物：部门经理、师傅小李、同事、小敏

任务：在陌生的办公室环境中，熟悉办公业务以及与他人和谐沟通

注意：1．恰当运用办公室日常礼仪学会与同事沟通。

2．端正心态，运用正确的礼仪规范请教同事和领导，以便尽快熟悉工作业务。

3．教师及时点评。

实训任务操作表

序号	步　骤	操作及说明	要　求
1	职场办公室中人际沟通	以五人为小组模拟办公室职场 同桌一对一训练	（1）沟通方式正确 （2）沟通内容主题合适 （3）达到沟通目的
2	生活中的人际沟通	以小组为单位模拟生活实际场景	（1）沟通内容恰当 （2）沟通方式正确

巩固拓展

【巩固训练】

分析下面一些行为，你认为他们做得对吗？为什么？如果不对，请你帮他们改正。

1. 小李一看到领导就绕路走。

2. 小王听完报告后，对做报告的张总说："您刚才指出的问题太深刻了，让我受益匪浅。"

3. 小张新调到一个部门，他下决心好好表现，所以在各种场合都抢着发言，高谈阔论。

4. 小周签了一笔大单，同事们都纷纷祝贺他，小周说："多亏大家给我的帮助和指导，要不然这笔大单可能签不下来，谢谢大家。"

【能力拓展】

周先生毕业于名牌大学，性格有些孤傲，平时与同事沟通很少。而吴先生则是一般大学毕业，做人也没什么架子，平时与同事一团和气。最近公司有一个晋升机会，周先生信心十足地认为非自己莫属，但没想到最后领导却决定让吴先生晋升。为此，周先生很不理解，难道自己的学识不如吴先生吗？

请你指出周先生不能晋升的原因。

任务评价

实训任务评价表

评价维度	A	B	C	个人评价	小组评价	教师评价
能力达成	工作中准确、恰当地运用日常礼仪，效果良好	办公室日常礼仪运用模糊，能够简单完成沟通的目标	不能运用办公室日常礼仪，沟通随意性大			
知识掌握	对于职场中的办公室日常礼仪掌握70%以上	掌握职场中的办公室日常礼仪60%左右	了解职场中的办公室日常礼仪			
学习态度	任务过程中精力集中，全身心投入	主要任务环节认真投入，任务基本完成	能参与任务过程，但缺乏主动性			

任务二 接待和拜访礼仪训练

Task 2

任务指要

【任务目标】

1. 掌握接待礼仪、拜访礼仪的一般知识。
2. 恰当运用接待、拜访礼仪进行沟通、交际。

【任务要点】

本节介绍了人们工作和生活中接待和拜访礼仪的一般知识，并介绍了接待和拜访礼仪的基本要求。面对形形色色的客人，合理、恰当地接待和拜访礼仪不仅对塑造个人和单位形象有着重要作用，而且对增进沟通、促进职场工作、体现个人修养有着不可忽视的作用。

【任务重点】

1. 按行为规范做好各项接待礼仪工作。
2. 正确使用接待语言和迎、引、领、送技巧。
3. 学会待客礼仪，在日常生活中礼貌待人。

感知体验

一天上午，小张正在电脑上草拟公司销售计划，这时来了一位不速之客。“李总在吗？”客人问。“预约了吗？”小张随口问道，姿势没有任何改变，双眼仍然盯着电脑显示屏。“约什么约，我要找你们李总谈谈！”小张朝着客人瞟了一眼，感觉对方看着有点眼熟，但是想不起名字，就说：“你等一下。”说完，他起身到斜对面会客室找李总，将客人一人留下。小张告诉李总有人找他，李总问是谁，小张说：“有点眼熟，但是想不起来是谁，好像是要债的！”李总不想见，小张还顺便请示了一下销售计划中几个敏感数据的问题。几分钟后，小张回到办公室对客人说：“领导不在，你回去吧。”客人不相信，双方就争吵了起来。半个月后，销售部向李总反映，本公司销售计划泄露，部分客户已被别的公司抢走。

【思考练习】

1. 小张的接待方式有哪些错误？
2. 公司销售计划为什么会泄露？

【明确】

1.（1）小张在接待客人时，没有询问客人的姓名、来由，只是凭自己主观猜测去断定；（2）小张在接待客人时也没有按照规范的接待礼仪去接待客人，当没有预约的客人来到公司时，小张没有起身热情迎接，而只是瞟了客人一眼，这是非常不礼貌的行为；（3）当领导不想见客人时，小张告知客人的方式也很简单，以致客人情绪激动；（4）小张不能和客人争吵。

2. 当小张去询问领导时，只留下客人一人在办公室，电脑上的销售计划却对客人“敞开”，这样很容易让公司的机密泄露。

进入任务

办公室接待

某贸易职业技术学校的小倩同学在企业办公室实习做秘书助理。一天，公司的领导因有事出差开会，恰巧经常和公司合作的顺达企业某项目负责人来公司商谈项目，小倩同学负责接待工作。

小倩应该怎样恰当地接待没有预约的顺达企业项目负责人呢?

【任务分析】

这个任务涉及办公室接待中没有预约的接待礼仪。小倩应做好以下工作：

1. 掌握接待礼仪的相关知识。

2. 根据实际情况礼貌接待经常合作的伙伴，并根据事情紧急程度恰当安排。

3. 恰当运用接待知识完成任务。

【相关知识】

一、接待礼仪

接待礼仪是指对那些提前预约和未提前预约的来访者的接待行为规范。不论是有预约的来访者，还是没有预约的来访者，秘书都要以良好的职业形象热情接待。不仅要掌握一般接待的程序，还要热情接待每一位客人。

接待按照有无预约可以分为有预约接待和无预约接待。

（一）有预约接待

1. 接待前的准备工作

（1）心理准备。为了做好接待工作，不使来访者失望，秘书应该要有心理上的准备，让来访者看出接待方的热情和真诚，以便拉近双方的距离。

（2）物质准备。根据来访者的人数、身份、性别、来意等准备与预约接待相关的材料，整理、清洁接待室卫生，打开空调，保持适当温度。摆放鲜花及绿色植物，使接待室美观、舒适。

2. 迎接礼仪

大部分来访客人对公司来说都是重要的。如有需要到机场、车站、码头迎接来访者，则应当在预定的时间和地点迎接客人；如客人直接来访单位时，应立即与之招呼。客人进门要起立迎接，安排就座；重要客人来访，应到门口迎接。陌生客人光临时，务必问清其姓名及单位名称以便查看预约登记。客人落座后，若本单位负责人由于种种原因不能马上接见，一定要向客人说明等待理由与等待时间。若客人愿意等待，应该向客人提供茶饮和杂志；若客人不愿意等待，请客人留下电话、地址，约定下次会面是由客人再次来访本单位还是本单位负责人回访对方单位。

3. 引见礼仪

来访者与领导见面，通常由接待人员引见。在引导客人去办公室的路上，接待人员要走在客人左前方数步远的位置，侧身引领客人，切忌把背影留给客人。接待人员在陪同客人去见领导过程中，不要只顾着闷头走路，可以讲一些得体的话和介绍一下本单位的概况。来到办公室的门前，要先轻轻地叩门，切不可贸然闯入把客人介绍给领导。介绍双方时要注意措辞和手势示意，介绍的顺序一般是先把身份低、年纪轻的介绍给身份高、年纪大的，把男同志介绍给女同志；如果有多位客人同时来访，就要按照职务的高低介绍。介绍完毕走出房间时应自然、大方，保持较好的行姿，出门后应回身轻轻把门带上。

图2-3-2-1 引见礼仪

4. 接待礼仪

（1）接待室应常备开水，客人来访后现烧开水是很不礼貌的。

（2）泡茶时应站在客人右边倒茶。

（3）泡茶时应注意茶叶不要太多或太少。

（4）泡茶时，第一遍可以只冲一点水，第二遍再倒八成满。

（5）茶盖揭下来应倒放在桌子上，以避免弄脏茶盖。

（6）茶泡好后，盖好茶盖，把茶杯摆在客人右前方，茶杯把手朝向客人，以利于客人端放。

（7）有一桌客人时，应首先从中间的主人及其右边第一主宾处倒起，逆时针顺序倒茶。

5. 送客礼仪

当来访者结束来访离开时，要主动打招呼致意，并礼貌送客，帮客人拿衣物，送至门口，使用礼貌用语，如“请走好”，并提出希望其下次再来。

（二）无预约接待

1. 无预约的一般来访者

（1）上司在。当未预约来访者来访时，接待者应礼貌起身迎接，问清对方的姓名、单位，不要直接回答其要找的人在或不在，应先婉转地询问对方的来意：“请问您找他有什么事？”如果对方没有通报姓名则必须问明，尽量从客人的回答中，充分判断能否让他与同事见面。如事情确实紧急重要，就要及时传达同事或领导。

（2）上司不在。如上司外出时，应向来访者说明上司不在的原因，并询问来访者是否愿意和代理人沟通。如对方不愿意，请来访者留下联系方式，并说明等转告上司后再与其联系。

（3）上司拒绝接见来访者。当上司拒绝接见来访者时，应尽可能地向对方表达上司不能接见的理由，如“上司正在开会”、“上司正在忙”、“上司即将外出”等。

2. 特殊来访者

（1）若来访者是怒气冲冲前来指责批评或是脾气暴躁的，一方面要耐心倾听，礼貌接待，切不可以语相击，致使事态恶化；另一方面快速寻找解决办法，向对方表示尽力帮助解决问题，用友好、真诚的态度对待，使对方感到你是真心诚意为他着想的，等事态缓和下来后再想办法解决问题。

（2）若来访者对公司相关人员进行威胁时，应请求保安人员妥善处理蛮横无理、可能带人身来威胁的来访者。

二、拜访礼仪

拜访是社交中的一种重要礼仪形式，拜访能增进了解，促进友谊。拜访作为交往的重要方式，在当今已越来越受到人们的重视。

（一）拜访的含义

拜访就是指个人或单位代表以客人的身份去探望有关人员，以达到某种目的的社会交往方式。

（二）拜访的分类

正式拜访：指有正式的拜访目的，通过事先预约，确定见面的时间和地点，并按时赴约的活动。

非正式拜访：指朋友间的往来。

（三）拜访的礼仪

1. 准备阶段

（1）约定拜访时间。决定拜访时，需事先跟主人预约，可以是电话预约，也可以是信件预约，以便主人事先做好安排，切忌搞“突然袭击”。如果有特殊情况，也要提前5分钟打个电话，不做“不速之客”。在约定时间时，尽量选择主人方便的时间，遇节假日时，以不打扰主人休息为宜。

（2）约定拜访对象。约定好拜访的对象和来访者人数、名单，以便主人做充分的准备。

（3）约定主题。约定好拜访的主题，以便达到拜访目的。

（4）如期赴约。如果事先与主人约好了时间，就要准时到达，确实因事耽搁，也要提前告知主人，并表示歉意。

（5）选择拜访服装和服饰。在拜访时，需注意自己的形象，做到神采奕奕、春风满面、精神抖擞，不要不修边幅、破衣烂衫，不符合身份和场合。所以，拜访前要给自己选一身合适的服装和服饰。

（6）选择拜访礼物。如初次到别人家做客，最好适当带些礼品。带礼品要有针对性和实用性，也可以根据主人的爱好选择礼品。

2. 上门拜访阶段

（1）进门的时候。进门时需注意：

① 敲门。在进入室内之前应先敲门或按门铃，如果没有人应允，不可擅自闯入。

② 搁放物品。进门之后，需换上主人备用的拖鞋，摘下帽子、眼镜、手套、手提包和雨具等，放在主人指定的位置，不要随意乱扔，以免引起主人反感。

③ 施礼问候。如果与接待者初次见面，应主动递上名片或做自我介绍，熟人可以握手问候。若接待者家中有其他家人或客人，应主动问候其家人或客人。

④ 应邀就座。在没有主人邀请入座时，不要自行找座，最好在主人安排位次后入座。

（2）做客的时候。在主人家做客时需注意：

① 限定空间范围。在指定就座处就座，不要随意乱窜，不要乱动、乱拿、乱翻主人的物品。未经主人同意，不能随意拿走主人物品。

② 限定交谈内容。围绕着交谈主题交谈，不要“海阔天空”，不随意打听主人的私事。若对方是长者，与其谈话时，不要随意插话，更不要自以为是。若与接待者谈话意见相左时，不要争论不休。

③ 限定交谈时间。拜访时间不宜过长，尤其是在晚上，会打扰到主人休息。拜访时间一般三十分钟至一个小时为宜。告辞之前，首先应感谢主人及其家人的热情款待。之后，握手告别，并诚意邀请他们到自己家中做客。当主人热情相送时，应及时请主人留步。

实操实训

1. 使用办公室常用接待礼仪进行接待训练。
2. 向同事请求帮助提供相关被接待人员的资料。
3. 通过电视、报纸、网络等媒体查找相关被接待人员的资料。
4. 通过来访者介绍，熟悉接待对象。

完成任务

回到任务“办公室接待”场景中。

地点：办公室

人物：接待者、顺达企业某项目负责人、小倩

任务：接待未预约的客人

注意：1. 恰当使用接待礼仪接待未预约客人。
2. 注意接待礼仪细节。
3. 教师及时点评。

实训任务操作表

序号	步骤	操作及说明	要求
1	职场办公室接待	以小组为单位模拟办公室职场	（1）接待细节恰当、准确 （2）接待准备工作充分 （3）接待技巧能灵活运用
2	生活中接待、拜访	（1）同桌一对一训练 （2）小组场景训练	（1）文明有礼接待和拜访 （2）做好接待和拜访准备 （3）灵活处理特别情况

巩固拓展

【巩固训练】

金勇是一位刚大学毕业分配到利华公司的新业务员，今天准备去拜访某公司的王经理。由于没有王经理的电话，所以金勇没有进行预约就直接去了王经理的公司。金勇刚来利华公司，还没有公司制服，所以他选择了休闲运动的衣服。到达王经理办公室时，王经理刚好在接电话，就示意他在沙发上坐下等。金勇便往沙发上一靠，跷起二郎腿，一边吸烟一边悠闲地环视着王经理的办公室。在等待的时间里他不时地看表，不时地从沙发上站起来在办公室里走来走去，还随手翻了一下放在茶几上的一些资料。

1. 请问金勇这次拜访成功的几率高吗？
2. 如果不高，请你指出他失礼的地方。

【能力拓展】

赵威前往某贸易公司拜访营销部王经理。由于他刚刚毕业，没有多少拜访的经验，请你教给他一些拜访的礼仪，并为他设计一下拜访前的准备以及在拜访中应注意的问题。

任务评价

实训任务评价表

评价维度	A	B	C	个人评价	小组评价	教师评价
能力达成	沟通中准确、恰当地运用接待和拜访礼仪，效果良好	接待礼仪和拜访礼仪运用模糊，能够完成目标	不能运用接待、拜访礼仪，沟通随意性大			
知识掌握	对于职场、生活中的接待和拜访礼仪掌握 70% 以上	掌握职场、生活中的接待和拜访礼仪 60% 左右	了解职场中的接待和拜访礼仪			
学习态度	任务过程中精力集中，全身心投入	主要任务环节认真投入，任务基本完成	能参与任务过程，但缺乏主动性			

任务三 会务礼仪训练 Task 3

任务指要

【任务目标】

1. 掌握会务活动与会务礼仪的基本知识。
2. 在会务活动中恰当运用礼仪。

【任务要点】

本节介绍会务组织和会务礼仪的一般知识，并介绍签约、谈判、剪彩等相关礼仪知识。掌握和恰当运用会务礼仪不仅能突显个人的素质和修养，还对会务活动成功举办起到十分重要的作用。

【任务重点】

恰当运用会务礼仪。

感知体验

飞扬公司拟于2015年8月9日在本市中信大厦召开新产品研讨会，参会者是来自各分公司的产品开发部门主管，要求各部门主管在会议上对新产品资料和开发理念进行演示。李萌负责帮助总经理组织和安排会议。会议召开的时间是上午10点，而新产品资料演示将从上午10：15开始。由于公司没有放映机，所以李萌向租赁公司租了一台放映机，并要求其在当日上午9：45必须送到。可是到上午9：50放映机还未送到。她打电话到租赁公司询问情况，对方回答已送出。眼看开会时间就要到了，会议所需设备还未准备好，李萌心急如焚。

【思考练习】

1. 假如你是李萌，你接下来应该怎么做？
2. 会议所需设备若本公司没有，应该怎样准备？提前多长时间准备？

【明确】

1. 会议即将开始，可是会议所需器材还未准备好，首先是李萌工作没做到位；其次，需向领导请示是否调整会议议程，或变动会议时间。

2. 如果公司没有会议所需设备，可以租借，但是大型会议至少要提前一天做准备。

进入任务

办公室会务组织

某学校的华新同学刚到某公司办公室实习做秘书助理，就接到公司通知：今天德国某公司团队来本公司洽谈相关出口产品业务。华新应该怎样组织此次洽谈会？

【任务分析】

这个任务涉及会务礼仪。华新应做好以下准备工作：

1. 掌握会务礼仪的相关知识。
2. 向同事了解，熟悉合作企业情况。
3. 恰当、准确地运用会务礼仪完成任务。

【相关知识】

一、会务礼仪

会议一般分成会议前、会议中、会议后三个阶段，我们从会议的三个阶段来分别介绍会务所需要注意的礼仪。

图2-3-3-1　会议场景（示例）

（一）会议前

守时：准时或早到会场均可，但不可迟到。若你是新人，更应早到会场并和与会者联络感情，以提早进入状态。会议若因某人迟到而延后，要耐心等待，可和左右与会者聊些适宜话题。万一迟到，应致歉。

仪表：着正式上班服装，发言前先将衣扣扣齐，以示郑重和负责任。

举止：坐姿端正，避免小动作；室内禁止吸烟。

介绍：在会议开始前，可主动与左右与会人士握手并做自我介绍。

就座：等他人指示入座或主持人宣布就座时才可坐下。如有引导员引导入座，应按照引导员的引导入座；如没有引导员，应遵循面门为尊、以中为尊、以右为尊的原则入座。

（二）会议中

在会议进行当中，需要注意以下方面：

（1）提前准备。参加会议时，需提前关闭手机或设置静音。若会议要使用录音设备，需提前准备，使用录音设备要征求主持人和发言人同意。

（2）认真倾听。会议中，不可以随意打断他人发言，等待他人发言结束后，方可举手提问。对他人发言观点或内容不认同的，也应控制情绪，等待对方说完后，再做评论。

（3）礼貌发言。出席者发言时，应先举手征得主持人同意后才可发言；发言内容应对事不对人，勿损害他人名誉。发言前准备充分，发言时应口齿清楚、轻松流利、言简意赅、态度平和、手势得体、举止礼貌。

（4）认真记录。除指定记录人员外，与会者也应记下他人的发言要点，以吸收别人的意见与经验。

（5）举止得体。开会时间较长或气氛沉闷时，在其他与会者面前不能有不耐烦之举，不可打盹、打哈欠、频频看表、看书报、摆弄手机、吃零食或和别人闲谈，否则会留下不良印象。

（6）礼貌退场。散会后要按顺序离开会场，不要拥挤。

（三）会议后

在会议完毕之后，应该注意以下细节：

（1）按照顺序离场，切忌“你拥我挤”。

（2）赠送纪念品。

（3）引领参观，如参观公司或厂房等。

（4）如果必要，合影留念。

二、谈判礼仪

谈判礼仪指谈判中双方谈判所遵循的行为准则和交往规范。谈判双方在谈判中应向对方表示重视、尊敬，塑造自身良好形象，才能与之建立诚挚、友好、和谐的合作关系。

（一）服饰礼仪

选择适合自己的服装。男士需着西装、衬衣，打领带；女士需着职业装，若着套装，不可着无袖的上衣和过短的短裙；不可露脚趾；高跟鞋鞋跟以中跟为宜。

（二）举止礼仪

站立时，双脚脚跟着地，腰背垂直，脚尖打开成 45 度，挺胸，颈脖伸直，颌微向下，两臂自然下垂。

行走时，轻松稳健。男性昂首、闭口，两眼平视前方，挺胸、收腹、直腰 。

落座要求腿不摇、脚不跷。坐在沙发上身体不要过分后仰，呈懒散姿态。

（三）谈吐礼仪

交谈时，表情自然、语气平和、语言表达准确。若加入他人谈话，需征得交谈者同意。交谈中应目视对方。对方发言时，不打断，不左顾右盼。交谈时应注意，内容不可涉及女性的年龄、婚姻；对方的履历、收入、个人财产等关于隐私的话题和宗教问题；若交谈内容使对方不悦，可终止该话题并向对方道歉；在公开场合交谈，需控制音量。交谈结束，可与对方握手道别。

三、签约仪式礼仪

签约是谈判成功的结果。签约仪式上，气氛轻松和谐，也没有了洽谈时的紧张和严肃，但签约仪式礼仪仍不可大意。

（一）注意服饰整洁、挺括

参加签约仪式，应穿正式服装，庄重大方，切不可随意着装。这可反映签约一方对本次签约的态度和对对方的尊重。

（二）身份和职位的对等

双方签约者的身份和职位应对等，身份和职位的不对等都会造成不必要的误会。双方其他出席签约仪式的人员在站立的位置和排序上也应对等。在整个签约仪式完成之前，参加仪式的双方人员都应微笑站立，不宜互相走动、谈话。

（三）遵守国际惯例“轮换制”

双方签字者应先在己方保存的文本左边首位处签字，然后交换文本，在对方保存的文本上签字。这样可使双方都有一次机会首位签字。在对方文本上签字后，应由己方签字者与对方签字者互换文本，而不是由助签者代办。

四、剪彩礼仪

剪彩是指有关单位为了庆祝公司的成立、公司的周年庆典、企业的开工、商店的开张、大型建筑物的启用、展销或展览会的开幕等活动举行的一项隆重的仪式。目前通行的剪彩礼仪主要有：

（一）剪彩的准备

剪彩作为一项隆重的仪式，准备工作需一丝不苟。场地布置、清洁环境、灯光与音响设备、邀请媒体等各项工作都要认真细致。工作人员准备的彩带必须是鲜红的绸缎，中间扎着醒目的花球。准备的剪刀必须是崭新的，锋利且顺手。

（二）剪彩的人员

若一人剪彩，则其居中而立即可；若多人剪彩，则其应按照“以右为尊”、“中间为尊”

的原则，按序站立。

剪彩者应着套装、套裙或制服，将头发梳理整齐。不允许戴帽子、墨镜，也不允许着便装。剪彩者，应衣着大方、整洁、挺括，容貌要适当修饰，剪彩过程中要保持稳重的姿态、洒脱的风度和优雅的举止。助彩者为剪彩过程中提供服务的人员，多由举办方的年轻女职员担任，助彩者的穿着打扮要整齐。

（三）剪彩的程序

（1）请来宾就位。在剪彩仪式开始前，由礼仪小姐请大家在已排好顺序的座位上就座，剪彩者坐于前排。

（2）仪式开始。主持人宣布仪式开始后，乐队演奏音乐，全体与会者热烈鼓掌，主持人介绍到场的重要来宾。

（3）宾主发言。发言者依次应为：东道主单位代表、上级主管部门代表、地方政府代表、合作单位代表。发言内容应言简意赅，每人不超过三分钟。

（4）开始剪彩。当主持人宣布剪彩开始之后，礼仪小姐先登场。在上场时，礼仪小姐应排成一列行进。剪彩者登台，礼仪小姐应在其左前方进行引导，以便剪彩者到达既定位置。

（四）开始剪彩

剪彩前，剪彩者应首先向礼仪小姐示意，待其准备就绪，右手持剪刀，将红色缎带一刀剪断。若多名剪彩者同时剪彩时，其他剪彩者应注意主剪者的动作，与其主动协调一致，力争大家同时将红色缎带剪断。

按照惯例，剪彩以后，红色花团应准确落入礼仪小姐手中的托盘里，切勿使之坠地。剪彩者在剪彩成功后，可以右手举起剪刀，面向全体到场者致意。然后放下剪刀、手套于托盘中，举手鼓掌。接下来，可依次与主人握手道喜，并列队在礼仪小姐的引导下退场。

剪彩后，主人应陪同来宾参观被剪彩之物。仪式至此宣告结束。随后东道主单位可向来宾赠送纪念性礼品，并以自助餐款待全体来宾。

实操实训

1. 会务礼仪训练。
2. 请求同事帮助提供相关与会人员和与会公司的资料。

完成任务

回到任务“办公室会务组织”场景中。

地点：会议室

人物：华新、德国某公司洽谈业务与会人员

任务：会议的组织和安排

注意：1．合理做好会议前后的准备。

2．注意会务礼仪。

3．教师及时点评。

实训任务操作表

序号	步骤	操作及说明	要求
1	办公室会议组织	以小组为单位模拟	（1）会前准备充分 （2）会中安排有序 （3）会后能及时总结
2	谈判、签约、剪彩礼仪运用	（1）同桌一对一训练 （2）小组场景训练	（1）掌握各礼仪活动程序 （2）能够运用各礼仪规范

巩固拓展

【巩固训练】

小王毕业不久，在一家公司做销售工作。他联系到一家有合作意向的公司。该公司经理同意与小王见面洽谈合作的事情。作为入职不久的新员工，小王十分重视这次会面。他穿上笔挺的西装，皮鞋擦得锃亮，准时赴约。因是初次洽谈业务，小王不免有些紧张。他双腿不停地晃动，手指也不时在腿上敲击。会谈结束后，对方经理只是淡淡地说："以后再联系吧。"小王不明白为何这家公司终止了合作意向，他百思不得其解。后来他请经理询问原因，对方说："你们员工的素质有待提高。"

在本次面谈中，小王的哪些方面有待提高？

【能力拓展】

天地石化股份有限公司董事会准备召开会议，讨论从国外引进化工生产设备的问题。小张负责为董事会成员准备会议文件资料。小张为每位董事都准备了一个文件夹，然后将所有参与竞标的公司材料都放了进去。但有三位董事通知小张，他们因故将无法出席会议，因此小张就少准备了三份文件夹。然而开会当天，原先不准备出席会议的三位董事中的两位改变了行程，赶来出席会议。由于小张少准备了三份文件夹，这两位董事无资料可看。而其他与会董事面前，却是一堆杂乱无章的资料。

如果你是小张，你会怎么做？

任务评价

实训任务评价表

评价维度	A	B	C	个人评价	小组评价	教师评价
能力达成	准确、恰当地运用会务礼仪，效果良好	会务礼仪运用不够准确、恰当	不能运用会务礼仪，随意性大			
知识掌握	对于职场中的会务礼仪掌握70%以上	掌握会务礼仪60%左右	了解职场中会务礼仪			
学习态度	任务过程中精力集中，全身心投入	主要任务环节认真投入，任务基本完成	能参与任务过程，但缺乏主动性			

任务四 差旅礼仪训练 Task 4

任务指要

【任务目标】

1. 掌握差旅礼仪的一般知识。
2. 实践差旅礼仪。

【任务要点】

本节介绍差旅礼仪的一般知识，涵盖差旅计划的制订和实施，并重点介绍出行、交通和住宿的礼仪。差旅礼仪不仅可以展示个人魅力，还对塑造企业形象有重要意义。

【任务重点】

恰当运用差旅礼仪。

感知体验

永兴咖啡文化公司在广州的第五家分店将于10月20日10：00开业。总经理将出席开业庆典，他请秘书罗菲妮草拟一份行程安排，要求行程安排紧凑，并于21日返回成都总部。罗菲妮草拟了如下行程安排：

日期	时间	交通	事项	备注
10月19日	11：30—12：30	商务车	从公司出发至成都飞机场	
	13：40—15：50	南航CZ8466	从成都出发至广州白云机场	
	15：50—16：20	计程车	从白云机场赴×××酒店	×××酒店毗邻分店
	16：20—18：00		休息	
	18：00—19：30		和广州各分店经理用餐	
10月20日	8：00—9：00		和分店领导共进早餐	酒店自助餐
	10：00—11：30		出席开业庆典并讲话	
	12：00—13：00		和出席庆典的嘉宾共进午餐	酒店围餐
	14：00—14：30		赴广州白云机场	
	14：35—16：45	南航CZ3413	从白云机场返回成都	

【思考练习】

如果你是总经理，你会如何指导秘书进行修改？

【明确】

1. 内容安排不够丰富，未能满足总经理开展工作的需要。10 月 19 日抵达后的“16：20—18：00”时段可安排总经理参观新店，做现场工作指导；当天晚餐后时间空档明显，可安排夜游珠江或登广州塔等轻松的项目。

2. 10 月 20 日返程仓促，未能安排总经理午休。可以安排总经理午休，下午到其他分店考察指导，晚餐后返回成都。

进入任务

差旅礼仪

蔡嘉杰陪同总经理和副总经理出差，参加某项目的签约仪式。他们乘坐公司小轿车到达目的地，对方企业董事长和几位领导前来迎接。

蔡嘉杰应该如何引导两位领导上下车及安排座次？

【任务分析】

这个任务涉及差旅礼仪，蔡嘉杰应该做以下准备工作：

1. 掌握差旅中的乘车座次礼仪。

2. 掌握差旅中陪同领导的基本礼仪。

【相关知识】

合理的差旅安排、良好的差旅礼仪，有助于提升企业形象，是文秘人员的必备能力和素养。

一、差旅计划

安排上级差旅事宜是文秘人员的常规工作。一份细致周密的差旅计划可以反映秘书的综合素质。差旅计划应包括以下内容：

（1）确定出差目的地和日期。

（2）确认领导出差的陪同人数。

（3）与目的地接待人员沟通，确定日程安排（明确三餐安排、目的地地址、需要的路程时间、接待人员等信息）。

（4）确定行程，订票、预订酒店（选择领导习惯的酒店，获悉酒店的电话、传真等）、联系接 / 送人员（明确接 / 送人员的联系方式）。

（5）制作日程表（时间、地点、对方参会人员、议程等）。

（6）根据领导的习惯，准备出差用物品。

在制订差旅计划后，还应在差旅过程的各个环节及时提醒领导需注意的事项。如抵达目的地需要中转时，应注意中转站的名称、休息时间、飞机起飞时间、所带文件资料、遵守当地的风俗习惯等。

二、陪同出行的礼仪

秘书陪同领导出差，应注意差旅行程中的公共礼仪，约束自己的言行，展现良好的修养。

1. 言行友善，注意礼节

对陌生的路人应该友善；他人对你微笑时，应回报以微笑；在走路或排队的时候，注意保持距离，不要紧随人后。

2. 照顾他人，服务众人

把协调众人利益作为习惯，在各种事务中充分考虑他人（接待方和陌生人）的利益，以方便于他人、有益于领导为上。

3. 客随主便，入乡随俗

通过事前准备和学习，充分了解当地的民情，尊重当地的风俗。

4. 爱护环境，保持卫生

不论在国内还是国外，都要爱护环境，不乱扔垃圾，不随地吐痰，不随意采摘路边和景区的植物。

三、接待礼仪

1. 上下车礼仪

上车时，秘书先为领导打开轿车的右侧后门，用手挡住车门上沿，防止领导碰到头，待领导坐好后再关门。然后从车尾绕到轿车左侧为其他的客人开门或自己上车。

如果和女士、长辈一同乘车，应请女士、长辈先上车，并为对方开关车门；抵达目的地时，秘书首先下车，为其他乘客打开车门。

如果乘坐旅游车或面包车等交通工具，应让领导、宾客先上车。

若女士裙子太短或太紧不宜先上车，男士可主动表示坐次要位置。

女士上轿车的方法是：先背对车座，轻轻坐在座位上，合并双脚并一同收入车内；下车时，也要双脚同时着地。

图2-3-4-1　女士上下车

2. 乘车的座次礼仪

明确各种情况下的“上座”，综合考虑同乘人员的年龄、地位和关系，引导、选择最佳的“上座”。

（1）主人开车，副驾驶座为上座。这个位置能和主人方便的交谈。

（2）公务接待，后排右座为上座。这与我国道路行驶规则有关，右边比左边上下车方便。

（3）VIP 上座，即司机后面的座位。因为这个位置最安全。

（4）多排座车座次礼仪。多排座车，指四排及四排以上座次的大中型车辆。前排为上，后排为下；以右为尊，左为卑；并以距离门的远近，来排定其具体座次的尊卑。

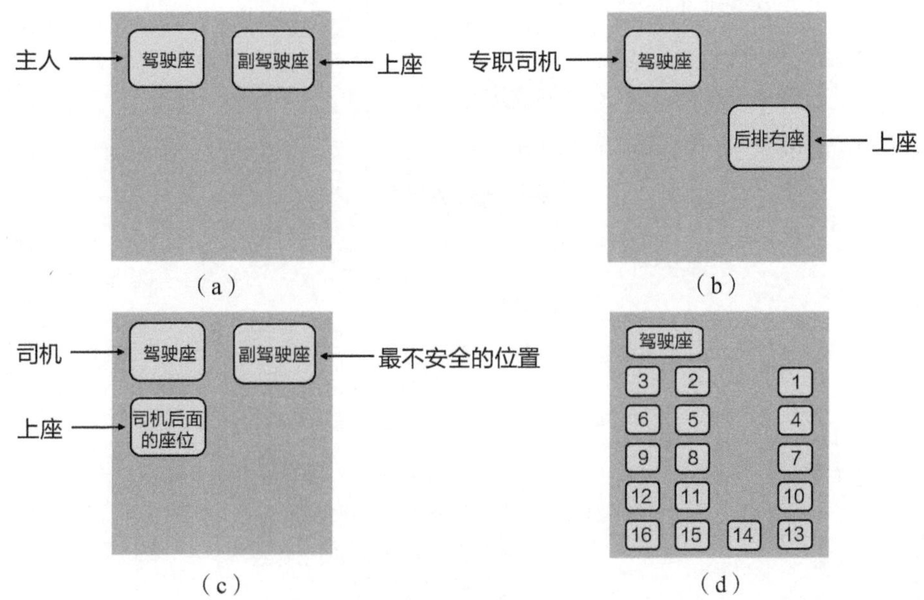

图2-3-4-2　乘车座次礼仪

四、住宿礼仪

住宿礼仪有三条：

（1）礼让和感谢。与他人在楼梯、走廊等狭窄通道相遇时，请对方先行；接受服务后，向提供服务的人员表示感谢。

（2）保持安静。无论下榻饭店还是旅馆，每个人都应自觉保持安静。

（3）爱护住宿环境。爱护住宿环境是基本礼仪之一。具体包括：遵守馆店关于住宿的规定；不向外丢废弃物；不在禁止吸烟的范围内吸烟。

实操实训

1．按主从位置画出乘坐小轿车的位置图。

2．制订一份 ×× 与总经理去 ×× 地参加会议的差旅计划书。

完成任务

回到任务“差旅礼仪”场景中。

地点：接待区域

人物：蔡嘉杰、总经理、副总经理、对方企业的董事长和几位领导

任务：蔡嘉杰陪同领导赴合作企业洽谈业务。

注意：1．陪同行走的位置。

2．引导领导上车。

3．引导领导下车。

4．差旅陪同礼仪。

5．其他同学注意观摩，提供改进意见。

6．教师及时纠偏，做总体点评。

实训任务操作表

序号	步骤	操作及说明	要　求
1	引导乘车	陪同	（1）步态自然 （2）身形挺拔 （3）行走在领导们左前方
		为领导们开关车门	（1）为总经理打开副驾驶后面的车门 （2）目光谦恭注视总经理和副总经理 （3）上身微躬，面带微笑 （4）语言提示，如：“总经理，请” （5）待领导上车后关上车门
		个人上车礼仪	背对车内臀部先坐下，同时上身及头部入内；双腿送进车内

续表

序号	步骤	操作及说明	要　求
2	引导下车	个人下车礼仪	正面朝车门，双脚先着地，再将上体头部伸出车外，同时起立出来
		为领导开关车门	（1）下车后迅速帮助总经理打开车门 （2）右手拉门，左手扶住门框 （3）领导下车后关上车门
3	陪同	陪同行走	（1）在领导后侧半步位置跟从 （2）步态自然 （3）身形挺拔 （4）双方领导寒暄完毕后，如对方人员伸手，则握手致意，互致问候 （5）站姿挺拔，握手时上身微躬 （6）语言温和有礼

巩固拓展

【巩固训练】

中午用餐后，总经理、副总经理和对方董事长进行“小范围”谈话。蔡嘉杰回避。他准备将行李搬入客房。接待方交给他 3 张房卡，有 2 间客房在 12 层，还有 1 间在 6 层。

1. 蔡嘉杰应该如何安排三人的住宿房间？
2. 搬行李进入房间后，接下来他应该做什么？

【能力拓展】

在签约仪式中，对方服务员在为总经理斟咖啡时不慎将咖啡洒到蔡嘉杰身上，众人非常尴尬，蔡嘉杰应该怎么做？

任务评价

实训任务评价表

评价维度	A	B	C	个人评价	小组评价	教师评价
能力达成	在上下车服务中动作自然得体、绅士优雅	在上下车服务中表现比较得体	在上下车服务中表现迟钝，只顾自己			
知识掌握	对于乘车座次导引准确无误	对于乘车座次安排反应较慢	座次安排错误			
学习态度	任务过程中精力集中，全身心投入	主要任务环节认真投入，任务基本完成	能参与任务过程，但缺乏主动性			

任务五 宴请礼仪训练 Task 5

任务指要

【任务目标】

1. 掌握宴请礼仪的知识。
2. 恰当运用宴请礼仪。

【任务要点】

本节介绍宴请礼仪的一般知识，包含宴请策划和宴请过程礼仪、座次礼仪和西餐用餐礼仪。规范的宴请礼仪，可以使宾客心情愉悦，有助于树立企业形象、增进人际关系、巩固合作基础。

【任务重点】

恰当运用宴请礼仪。

感知体验

海星集团将举行2015年迎春宴会，地点选择在市郊的一所五星级酒店。秘书黄以洁制作并发出了邀请函。然而，该市有两家同名的酒店，请柬上却没有注明是哪一家。

宴会当天，黄以洁负责接待中天集团的几位领导。由于堵车，几位领导未能按时到达酒店。黄以洁久候领导不至，遂返回餐厅工作。而她的手机，此时已自动关机。中天集团领导到达酒店后，因联系不上接待的秘书，便径直走向酒店的金莲宴会厅，发现那里正在举行其他企业的晚宴。他们又继续找了两个宴会厅，终于找到迎春宴会所在的红棉宴会厅。黄以洁为自己的疏漏内疚不已。

【思考练习】

1. 这次宴请，黄以洁在制作邀请函和接待工作上存在哪些漏洞？
2. 黄以洁的疏漏给了你什么启发？

【明确】

1. 请柬内容不明确、迎候人员没到位，联系不畅。

2．请柬内容要精简明确，仔细查验时间、地点、内容等关键细节，可以附晚宴地图；宴会接待人员必须保持通信畅通，并及时同对方确认时间。

进入任务

宴请礼仪

绿谷纸品公司吴冬青总经理准备在中秋节宴请来广州出差的老同学李明建（登峰集团总经理）。吴冬青还邀请了两人读书时的老师秦聪立，并列出陪餐人员名单：蒋磊（登峰集团人事部经理）、甄慧玲（登峰集团办公室秘书）、姜亚红（绿谷纸品公司文员）、吴雪云（绿谷纸品公司办公室秘书）。

吴雪云作为主要安排人员，她应该注意哪些宴请礼仪细节？

【任务分析】

此次任务涉及宴请礼仪，应掌握以下知识点和能力：

1．宴请迎候礼仪、引导礼仪、奉茶礼仪。

2．宴请座次礼仪。

3．宴请语言礼仪。

【相关知识】

宴请是指企业或个人以表达感情、联络感情、建立关系、扩大影响为目的，选择用餐场所、准备酒水菜肴、招待宾客的活动。宴请礼仪是商务活动的重要项目，从侧面展现企业的公关形象、礼仪水准和组织能力。

宴请礼仪贯穿在宴请活动过程中，即策划、准备、迎宾、招待过程。

一、策划、准备

宴请的策划、准备主要包括：确定目的、确定对象、确定形式、确定菜单、发出邀请、座次安排。

1．确定目的

确定目的是宴请的基础，决定宴请的规格和形式。宴请的目的主要有：表达感情（谢意、敬意、歉意）、加深感情、建立关系、扩大影响、工作需要。

2．确定对象

开列邀请宾客名单，把握来宾的人数、身份、职位、地位、国籍和习俗，确定宴会的形式和规格。

3．确定形式

主要的宴请形式：

（1）高级宴会：即为接待商贸伙伴和企事业单位举行的宴会，商务氛围隆重，一般选择高星级酒店或环境优雅宁静的高级餐厅，餐品和招待规范严谨。

（2）普通宴会：常用于亲朋好友或亲密商务伙伴，规模不大，气氛随和，可按照需求和宾客喜好选择餐馆，也可设置家宴。

（3）工作餐会：为工作需要，在正常用餐时间，采用便宴、自助餐会、茶会、茶歇等形式，招待相关工作人员的宴会。

4. 确定菜单

确定菜单，应遵循以下原则：

（1）丰俭得当。根据用餐人数，把握菜品数量和分量，反对铺张浪费，摆阔显阔。

（2）营养美味。充分照顾宾客的口味喜好，突出地方菜肴特色，搭配高低档次，协调荤素搭配，做到主次结合。

（3）尊重习惯。通过了解宾客背景，适当咨询来宾下属，掌握对方忌口的食物或菜品，确保餐桌文明，营造愉悦氛围。

5. 发出邀请

根据宴会规格和来宾身份，发出口头邀请和书面邀请。口头邀请比较随意；书面邀请主要用于规格较高的商务接待，如开业庆典、重大活动、公司年会、周年庆典等。发出邀请应注意两个原则：

（1）热情礼貌：在措辞、语气、邀约时间上均要体现个人或企业的礼仪修养。

（2）简练明确：在内容方面涵盖目的、时间、形式、人员、地点五个核心要素。

6. 座次安排

座次安排是宴会准备的重要环节，是宴会礼仪的关注重点，必须做到一丝不苟。

宴会座次安排礼仪原则如下：

（1）右尊左卑的原则。两人一同并排就座，通常以右为上座，以左为下座。

（2）中座为尊的原则。三人一同就座用餐，坐在中间的人在位次上高于两侧的人。

（3）面门为尊的原则。面对正门者是上座，背对正门者是下座。

（4）观景为佳。观赏角度最好的座位是上座。

（5）靠墙为好。通常以靠墙的位置为上座，靠过道的位置为下座。

（6）各桌距离该桌主人的位次，讲究以右为尊。即以该桌主人面向为准，右为尊，左为卑。

二、迎宾、招待

宴请的主要过程如下：

1. 信息确认

提前向来宾的下属或其本人确认到达宴会地点的时间，以便派人员迎候。对于远程来宾，需确认其抵达港口、机场、火车站的船次、航班号、车次和时间，以便派人员接站。

2. 迎接宾客

企业宴请，主人需派人员在宴会酒店大堂或门口迎宾。必要时，还需列队迎宾，由主人同来宾一一握手并介绍迎宾人员。对于远程来宾，根据其身份高低，选派人员接站。

图2-3-5-1 迎接宾客礼仪

3. 餐前茶叙

宾客到达后，若餐厅尚未准备就绪，可先将客人引导至餐厅休息间，休息等候。接待人员为宾客沏茶倒水。

图2-3-5-2 为客人沏茶

4. 引导入座

客人到齐后，主人应礼貌热情地引导客人入座。一般情况下，由女主人邀请对方第一男宾入座，由男主人邀请对方第一女宾入座。

5. 主客致辞

客人落座后，主人对嘉宾表示欢迎和感谢，简要介绍宴会，并邀请第一宾客致辞，宾客致辞后举杯开宴。

6. 宴席招待

宴席间，主客双方可选择轻松愉悦的话题交谈。主人向客人介绍特色菜品，并提醒客人酒后不开车。

7. 餐后休息

正餐结束，可呈上水果，并暗示正餐已经结束。

8. 餐后送别

客人发表谢意，并表示打扰。主人应对宾客赴宴表示感谢，送别时可以表现出不舍。

如客人执意离去，不可强留。

三、中餐礼仪要点

中餐宴会中，需注意以下宴会礼仪：

1．座次礼仪

排序原则：以远为尊；面门为尊；以右为尊；以中为尊；观景为尊；靠墙为尊。

座次分布：面门居中位置为主位；主左宾右分两侧而坐或主宾双方交错而坐；越近首席，位次越高；同等距离，右尊左卑。

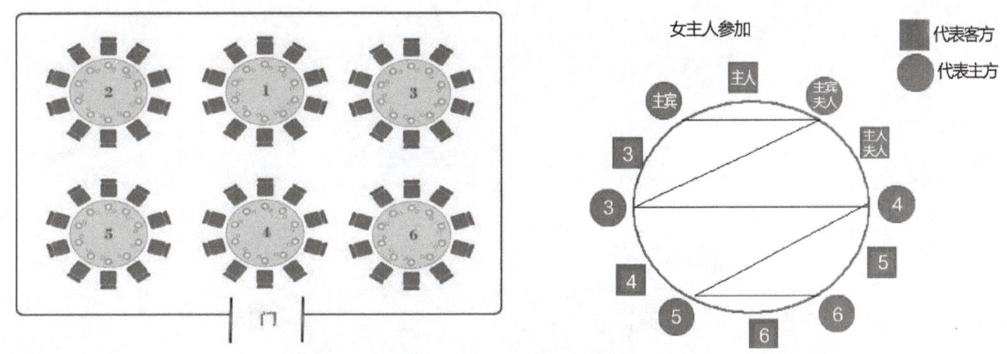

图2-3-5-3　中餐座次礼仪

2．奉茶礼仪

先后顺序是奉茶礼仪的要点，可参照以下顺序奉茶：

先客人，后主人；

先主宾，后次宾；

先女士，后男士；

先长辈，后晚辈；

以进入客厅之门为起点，按顺时针方向依次上茶；

以客人到来的先后顺序依次上茶。

3．斟酒礼仪

斟酒时需注意五点：

（1）一视同仁。切勿有挑有拣，只为个别人斟酒。

（2）注意顺序。可以按顺时针方向从自己所坐之处开始，也可以先为尊长、嘉宾斟酒，再为其他宾客斟酒。

（3）适量斟酒。白酒和啤酒可以斟满，红酒则不必斟满。

（4）言辞精简。祝酒词内容越短越好，不可长篇大论、滔滔不绝。

（5）恭敬聆听。当有人致辞，应停止用餐或饮酒，面向致辞者，认真倾听，对其所言不可讥讽或者公开表示反感。

四、西餐礼仪要点

西餐具备独立的餐饮礼仪，在宴请外宾时，尤应注意。

1. 座次礼仪

西餐座次安排遵循“恭敬主宾，女士优先，距离定位，面门为尊”的原则，男、女主宾应分别紧靠着女主人和男主人就座。女主宾坐在男主人的右侧，男主宾坐在女主人的右侧。座位离主人越近表明位次越高，相反则表明位次越低。

西餐长桌座位排列如图所示：

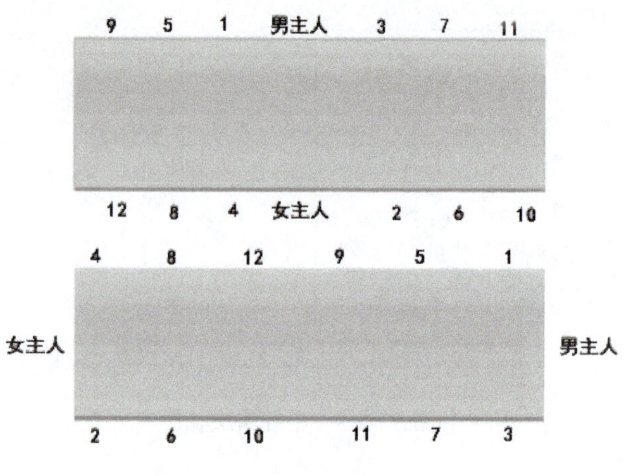

图2-3-5-4 西餐座次礼仪

2. 西餐菜序

西餐一般由八道菜肴构成，依次上齐：

开胃菜→面包→汤→主菜→点心→甜品→果品→热饮。

3. 主要餐具使用方法

西餐餐具有别于中餐餐具，应熟悉餐巾、刀叉的使用方法：

餐巾在用餐前就可以打开，往内折三分之一，三分之二平铺在腿上，盖住膝盖以上。

使用刀叉，基本原则是右手持刀或汤匙，左手拿叉。刀叉的拿法是轻握尾端，食指按在柄上。

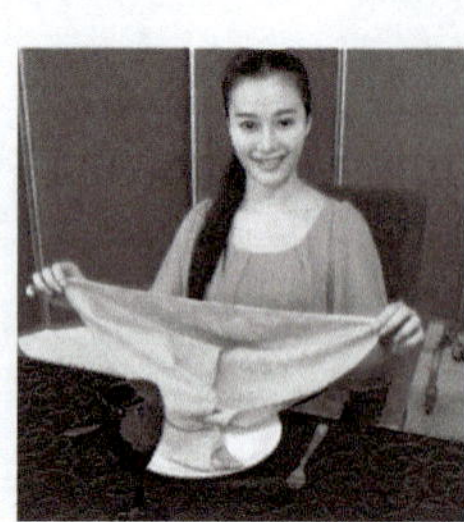 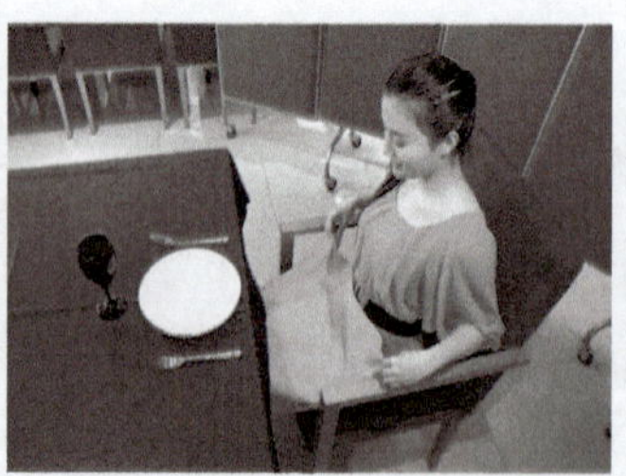 

图2-3-5-5 西餐餐具用法示例

实操实训

1. 分别画出 10 人参加的中餐、西餐主客位置图。
2. 斟茶训练。
3. 斟酒训练。

完成任务

回到任务“宴请礼仪”场景中。

地点：模拟酒楼（教学楼）

人物：吴冬青、李明建、秦聪立、蒋磊、甄慧玲、姜亚红、吴雪云

任务：迎候并引导客人进入休息室，奉茶小叙，引导贵宾入餐厅落座。

注意：1. 准确使用迎宾、引导语言。
2. 注意礼仪仪态。
3. 按照礼仪规范奉茶、引领入座。

实训任务操作表

序号	步骤	项目	指　示
1	欢迎	大堂迎候	（1）着装端庄得体 （2）站姿挺拔端庄 （3）面部始终微笑
		上前迎候	客人到达后，趋步前迎
2	引领		（1）笑容可掬，致意问候，如：“秦老师，您好！”“蒋总您好！”等 （2）行进在众人两三步之前的左前方引领 （3）上身保持微躬；手势准确自然
3	安排座次	引领落座	（1）秦老师是两位领导的师长，应首要引导至主位就座 （2）为秦老师拉开座椅，请秦老师落座，并口头请坐，如“秦老师，您请坐” （3）引导吴冬青在秦老师右侧落座，为其拉开座椅，并口头请坐，“吴总，您请坐”
			（4）引导其他人员入座，保持微笑和热情
4	奉茶	奉茶	（1）奉茶顺序：秦聪立，吴冬青，李明建，其他人员 （2）奉茶姿势规范得体
5	指引上菜		请示领导获准后，请服务员上菜

巩固拓展

【巩固训练】

公司总经理通知王秘书，公司准备在幸福渔港宴请来访的商贸公司代表，要求王秘书在酒楼点菜后在大堂迎候。

王秘书应该如何同对方公司的秘书预约到达时间和接待事项呢？

【能力拓展】

吴雪云在接到组织宴请任务后，首先通过总经理了解接待对象的基本情况。她得知秦聪立老师和李明建经理都是山西人，而且都是回族人。她应该在菜式上做什么安排？

任务评价

实训任务评价表

评价维度	A	B	C	个人评价	小组评价	教师评价
能力达成	熟练掌握宴请礼仪细节，热情大方	能够完成目标，但不够熟练自信	表现随意或者不够得体			
知识掌握	职场礼仪称谓掌握率 70% 以上	职场礼仪称谓掌握率 60% 左右	了解职场中的礼仪称谓			
学习态度	任务过程中精力集中，全身心投入	认真投入，任务基本完成	参与任务过程，但缺乏主动性			

任务六 求职礼仪训练 Task 6

任务指要

【任务目标】

1. 掌握求职礼仪的一般知识。
2. 恰当运用求职礼仪。

【任务要点】

本节主要介绍求职礼仪知识。掌握求职面试礼仪，可使求职者给面试官留下良好印象，还能展现良好的个人修养，增加求职的胜算。

【任务重点】

真诚得体、谦虚有礼地进行求职。

感知体验

某企业面试，面试官在面试厅门口放倒一把扫把。很多求职者在面试过程中都表现优秀。然而，他们对那把倒下的扫把视若无睹。只有一名年轻人在进门时顺手将扫把捡起来放好。于是，该企业录用了这名捡起扫把的年轻人。实际上，那把扫把是该企业面试中最重要的考题。

【思考练习】

1. “扫把考题”考察的是什么？
2. 从这个故事中，你意识到求职礼仪的关键是什么？

【明确】

1. 注意细节。于细节处看礼仪、见修养，从捡起扫把的“不经意动作”，可以看出求职者平日形成的礼仪修养和责任感已经上升为“本能”反应。

2. 职场礼仪的关键在于“勇于担当、服务他人”。当一把扫把影响通行时，求职者能够主动扶起并放好，这是一种美德。

完成任务

求职礼仪

陈铿接到一家网络公司人事部的电话，通知他在周末携带简历到公司面试。陈铿对着镜子整理仪容，略微紧张：“我应该怎么准备呢？面试的时候应该注意些什么呢？”

【任务分析】

陈铿应该对面试中的知识有充分的了解：

1. 面试前的准备：准备合适的服装，进行必要的“整容”；知己知彼，了解用人单位相关信息，寻找自己和企业的匹配点；制作个人简历和求职信。

2. 熟悉面试礼仪相关知识并在面试前进行“彩排”。

【相关知识】

求职礼仪是求职者应具备的礼貌行为，贯穿于求职过程，是招聘单位对求职者的重要评分项目。

一、求职准备

1. 知己知彼，有的放矢

分析个人素质，包括专业能力、实践经验、兴趣爱好、性格特点，做到“知己”；分析企业岗位，包括专业要求、岗位特点、工作条件，做到“知彼”。在“知己知彼”的基础上，寻找个人素质和企业岗位的匹配度，确定应聘企业及岗位。

2. 准备材料，展现素养

应聘材料包括简历和求职信，是求职者个人素养的直接呈现。应聘材料甚至决定了求职者能否获得面试机会。

简历，要求是“简”，重点是“历”。在文字上，遵循精炼、准确、真实的原则，杜绝冗长、模糊、虚假内容出现。在内容上，点出个人关键信息，包括姓名、年龄、籍贯、身份、民族、联系方式等；开列个人教育背景；简介个人实践经验，包括实习和工作的单位和岗位，突出主要工作成绩和获奖情况。

以下是一则范例：

个人简历

本人概况	
姓名：徐丹	性别：女
民族：汉	政治面目：团员
学历：中专	专业：文秘
E-mail:×dan@126.com	手机：159××××××××
联系地址：广州市白云区同泰路××号	邮编：510515

教育、培训背景		
2010.9—2013.6	广东省 ×× 职业技术学校	文秘专业
2011.6—2011.9	北大青鸟学院	平面排版设计
2012.6—2012.9	冠华培训中心	C++ 编程
教育、培训背景		
2011.1—2011.8	广州 ×× 酒店	餐厅服务员
2012.5—2012.8	广州 ×× 培训中心	前台文员
2013.1—2013.6	广州 ×× 文化传播公司	办公室文员
业余爱好		
茶艺、篮球、网球		
性格		
热情开朗，认真细致，吃苦耐劳		

求职信需遵循以下原则：诚恳有礼，内容真实，展现亮点，言简意赅。

求职信正文由三个部分组成：（1）自我简介，表达求职意向，简练明快，开门见山，让对方第一时间了解求职者的目标岗位；（2）经历介绍，展现综合素养，重点在于展现个人和应聘岗位匹配的能力和实践经验，尤其是突出亮点；（3）表示感谢和构想，文后需对招聘人员表示感谢，可以简要表达自己对岗位工作的设想。例如：

求职信

尊敬的领导：

您好！

首先，感谢您在百忙之中垂阅我的求职信，让我深感荣幸。

我是广东省 ×× 职业技术学院文秘专业的应届毕业生徐丹。就读中专期间，我认真学习专业理论，练习文书写作能力，积极参加专业部组织的社会实践，顺利完成学业。欣闻贵公司招聘行政文员，我渴望能有机会应聘该岗位，为贵公司效力，实现我的专业价值。

在校期间，我积极参加文秘专业的系统训练，连续 3 年荣获一等奖学金。我利用业余时间参加了专业计算机培训，熟练掌握 Photoshop、IE 等排版软件，并能使用 C++ 进行基础编程。在老师和企业导师的指导下，我顺利完成了餐厅服务员、办公室文员、前台文员前后达 2 年的业余兼职实习工作，业务能力和交际能力都得到锻炼和提高。

“礼仪诚信，温良恭俭”是我校的校训，我在浓厚的礼仪文化中成长，并以饱满的工作热情、开朗积极的职业心态得到同学和同事们的认可。我相信，我能够胜任贵公司文秘岗位的工作，为贵公司的事业做出自己的贡献。

祝贵公司发展蒸蒸日上、硕果累累！

此致

敬礼

徐丹

2013 年 10 月 9 日

3. 发出材料，争取机会

目前，大多数招聘单位采取“邮件面试—现场面试”的模式。因此，以邮件形式发出求职材料是面试准备阶段的重要步骤。

一般情况下，可以将求职信作为邮件内容发出，简历以邮件附件形式呈发，要注意如下几点：

（1）检查邮箱地址、收件人称谓、求职信落款日期，确保收件人信息准确无误。

（2）检读邮件内容，确保求职信内容精炼，语气诚恳，态度谦恭。

（3）组织邮件主题，求职邮件主题需涵盖求职关键词，以便对方挑拣处理，以（姓名 + 专业 + 应聘职位）为佳，如“求职信（李耀宇 电子商务 客服主管）”。

4. 形象准备，确保得体

面试前对自己的仪表进行适当修饰。

（1）仪容整洁。保持面部的清洁，注意局部卫生。女生最好化一些淡妆，显得精神、干练；男生则需要修面，不可胡子拉碴；面试前不抽烟。

（2）发型适宜。对发型的要求是端庄、文雅、自然、干练。视频面试则要求短发或盘发。

（3）着装得体。首先，服装简洁大方。衣服干净、熨烫平整即可。其次，尽可能抛弃各种装饰，女性还要忌着过短、过紧、过透和过露的衣服。最后，颜色的选择要适宜，一般柔和的颜色具有亲和力，而深色则显得比较庄重。

二、面试礼仪

良好的面试礼仪，可以体现个人的形象气质和内在涵养，做到态度谦虚、举止得体，能增加求职者面试通过的胜算。

1. 准时赴约

守时是面试礼仪的第一要素。接到面试通知后，应尽快确定乘车路线和到达时间，提前 10 分钟到达面试地点。

2. 入场面试

求职者在进入房间前，不管门是关紧的还是虚掩的，均需轻叩门板三声后，得到回应方可进入。

图2-3-6-1　敲门进入试场

3．礼貌问好

进入面试房间后，应先主动向考官问好，并做简短介绍。例如："大家好，我是 ×××，很高兴能够有机会到贵公司参加面试。"

图2-3-6-2　礼貌问好

4．落座礼仪

在对方邀请或示意后方可落座。在面试中，坐姿非常重要。落座时切忌双手相握、揉搓手指，会加剧自己的紧张。正确的方法是，双手伸开，并自然地放在大腿上，稳稳当当地坐在座位上。

图2-3-6-3　落座

5．交谈礼仪

面试交谈是双方互相了解的过程，应始终保持互相尊重的心态，以饱满的精神状态和对方交谈。

6．告别的常规礼仪

（1）再次强调你对应聘该项工作的热情，并感谢对方抽时间与你进行交谈。

（2）表示与主考官们的交谈使你获益匪浅，并希望能有机会再次得到对方进一步的指导。

（3）记住了解结果的途径和时间。

（4）适当使用握手礼仪。告别时可以主动与考官们握手，但要注意一般握手的基本礼节。

（5）面试后寄一封感谢信。信中再次感谢对方抽出时间来接待你，并对该单位表示一番敬意，重申自己对所谈的工作很感兴趣，并简要地陈述自己能够胜任该项工作。

实操实训

1．求职着装训练。

2．求职礼仪训练。

完成任务

回到任务“求职礼仪”场景中。

地点：会议室

人物：求职者、面试官

任务：按照“求职礼仪”要求，进行模拟求职面试。

注意： 1. 举止得体礼貌。

2. 注意倾听，捕捉信息，适时作答。

3. 教师担任面试官并点评。

实训任务操作表

序号	步骤	操作及说明	要求
1	面试准备	按时到场 仪容准备 举止文明	（1）准时到场 （2）面容整洁，发式简练 （3）着装得体，干净整洁，无异味 （4）候场文明，姿态自然，无高声说话或手足无措的表现
2	面试过程	表情、动作、姿态、对答	（1）敲门进入 （2）问候 （3）面试官请坐时才坐，大方落座，坐姿端正 （4）目光自然，不左顾右盼、眼神闪烁 （5）口齿清晰，音量适中，文明用语，语言简练，意思明确 （6）微笑自然，态度亲和 （7）无小动作 （8）情绪乐观平静，反应敏捷 （9）关掉手机或调成静音
3	面试结束	礼貌结束	（1）面试结束后起身致意 （2）随手关门

巩固拓展

【巩固训练】

高华生是销售专业的优秀应届毕业生，参加过多项大型活动。他口才极佳、办事果断，具备销售人员的潜力。有一次，他去参加某公司销售部面试。填写个人履历表时，他和同学打电话，表现出有十足的胜算把握。面试中，他充分展现了自己的口才和专业能力。面试官频频点头却无法提问，面试成了高华生的“主场”。由于面试时间超过预定时间，面试被迫终止。面试官表示：“你非常优秀，具备很强的表现力，但年轻人更需要倾听。”

高华生在求职礼仪上，有哪些方面欠妥？

【能力拓展】

在面试过程中，面试官提出一个“棘手”的问题：读书期间，你对自己的哪件事最满意？为什么？请回答这个问题。

任务评价

实训任务评价表

评价维度	A	B	C	个人评价	小组评价	教师评价
能力达成	回答内容展现个人能力和思考能力，表达大方得体，谦虚合宜	回答内容一般，表达比较流畅	回答随意，表现不够沉稳			
知识掌握	恰当使用面试对答礼仪	自觉使用面试对答礼仪，但略显紧张	紧张，东张西望，不够流畅			
学习态度	任务过程中精力集中，全身心投入	主要任务环节认真投入，任务基本完成	能参与任务过程，但缺乏主动性			

职业院校“双证书”课题实验教材 文秘专业

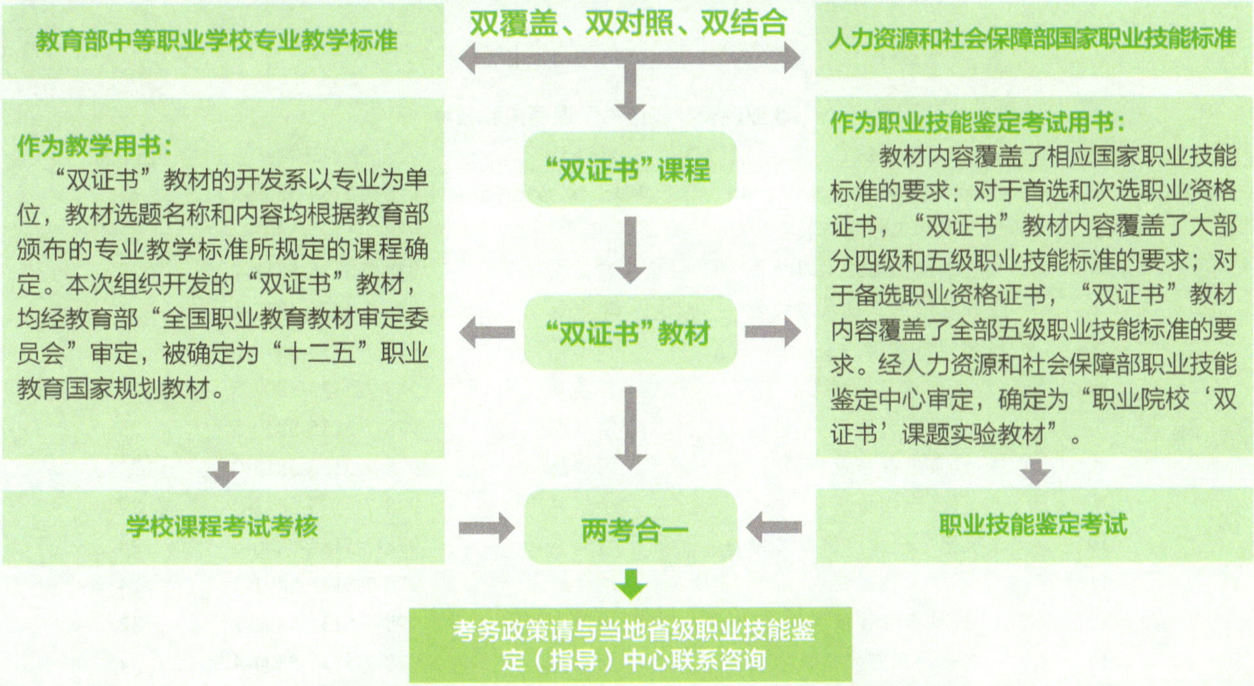

教育部中等职业学校专业教学标准

双覆盖、双对照、双结合

人力资源和社会保障部国家职业技能标准

作为教学用书：

“双证书”教材的开发系以专业为单位，教材选题名称和内容均根据教育部颁布的专业教学标准所规定的课程确定。本次组织开发的“双证书”教材，均经教育部“全国职业教育教材审定委员会”审定，被确定为“十二五”职业教育国家规划教材。

“双证书”课程

“双证书”教材

作为职业技能鉴定考试用书：

教材内容覆盖了相应国家职业技能标准的要求：对于首选和次选职业资格证书，“双证书”教材内容覆盖了大部分四级和五级职业技能标准的要求；对于备选职业资格证书，“双证书”教材内容覆盖了全部五级职业技能标准的要求。经人力资源和社会保障部职业技能鉴定中心审定，确定为“职业院校‘双证书’课题实验教材”。

学校课程考试考核

两考合一

职业技能鉴定考试

考务政策请与当地省级职业技能鉴定（指导）中心联系咨询

教材使用说明

教材识别

职业院校“双证书”课题实验教材，均由人力资源和社会保障部职业技能鉴定中心《职业院校“双证书”课题实验教材目录》给予公告，采用专用的标识，并在封底加贴唯一识别编码。需参加职业技能鉴定的学员，请在使用本系列教材前，登录“双证书教材服务平台（http://sz.nvq.net.cn）”，进行信息登记，以便记录学习过程信息和获取学习支持。

配套资源

- **学生资源：**教材另配数字学习资源，学生可在“双证书教材服务平台”上登录后，免费下载相关学习资源。
- **教师资源：**教材配有相应模拟试卷，任课教师经过授权并登录“双证书教材服务平台”，填写有关信息后，可免费下载。也可向试点地区的职业技能鉴定指导机构、有关出版单位索取。
- **题库建设：**各专业的“双证书”课程和综合实训课程的考试试题，可由试点地区职业技能鉴定中心根据本系列教材，组织职业院校教师、行业企业专家共同命题组卷。对于符合国家职业技能鉴定题库技术要求的试题，可推荐收录到国家题库中。

教材体系

文秘专业“双证书”教材体系由《文书拟写与处理》《会议组织与管理》《办公室事务管理》《企业行政管理》《沟通技能训练》《办公设备使用与维护》《办公软件应用》7本教材组成，另配有综合实训教材1本，这8本教材基本上覆盖了秘书国家职业技能标准的基本要求和五级、四级工作要求。

希望各地职业技能鉴定机构、职业院校和我们一同努力，积极探索符合职业院校特点、对接国家职业技能标准、课程考试与职业技能鉴定“两考合一”的职业院校学生评价体系和“教学训考”资源开发使用模式。

有关职业院校“双证书”课题实验教材的具体问题和反馈意见可咨询人力资源和社会保障部职业技能鉴定中心课题组。

联系方式：
人力资源和社会保障部职业技能鉴定中心 **许　远** vocscum@qq.com, 010-84661204
外语教学与研究出版社职教分社 **王志艳** 3300217@qq.com, 010-88819479

外研社“十二五”职业教育国家规划教材（中职）

职业院校“双证书”课题实验教材

序号	书名	主编	书号（ISBN）	定价/元
1	机械制造技术	龚雯，戴文玉	978-7-5135-5809-9	35
2	车削加工技术与技能	田华	978-7-5135-5808-2	37
3	数控车削加工技术与技能	李东君，文娟萍	978-7-5135-5818-1	28
4	数控铣削加工技术与技能	李东君	978-7-5135-5817-4	31
5	汽车构造与拆装(上)	祁翠琴	978-7-5135-5813-6	32
6	汽车构造与拆装（下）	祁翠琴	978-7-5135-5807-5	29
7	汽车拆装实训	詹远武	978-7-5135-5810-5	33
8	汽车电控系统检修	闫炳强	978-7-5135-5815-0	32
9	汽车制造工艺	李东兵	978-7-5135-5812-9	29
10	典型机床电气故障诊断与维修	邱寿昆	978-7-5135-5800-6	28
11	电工技能实训	周皓，周军	978-7-5135-5801-3	24
12	机械拆装技能实训	韩树明，成建群	978-7-5135-5803-7	32
13	电器与PLC控制技术	周占怀	978-7-5135-5804-4	34
14	气动与液压传动	郑勇，王稳	978-7-5135-5764-1	35
15	钳工技能实训	郑爱权，倪红海	978-7-5135-5805-1	35
16	沟通技能训练	廉捷	978-7-5135-5784-9	29
17	办公设备使用与维护	姜绍辉	978-7-5135-5785-6	33
18	办公软件应用	李星华，孟德花	978-7-5135-5786-3	34
19	会议组织与管理	楼红霞	978-7-5135-5790-0	32
20	文书拟写与处理	张琼华	978-7-5135-5788-7	35
21	企业行政管理	林淑贞	978-7-5135-5789-4	32
22	PLC与变频器应用技术	岳丽英	978-7-5135-5802-0	32
23	焊接结构生产	王冠雄	978-7-5135-5806-8	34

非“双证书”教材

序号	书名	主编	书号	定价
1	电子商务物流	周云斌	978-7-5135-6052-8	25
2	电子商务基础	梁海波	978-7-5135-6053-5	34
3	网络营销实务	刘春青	978-7-5135-6054-2	35
4	商品拍摄与图片处理	丛日东	978-7-5135-6055-9	50
5	店铺运营	蓝魏，李平	978-7-5135-6056-6	35
6	网页设计	鱼东彪	978-7-5135-6057-3	26
7	电子商务客户服务	张元生	978-7-5135-6058-0	29
8	网站内容编辑	宋爱华	978-7-5135-6059-7	32
9	财务基础	李博	978-7-5135-6122-8	34
10	公关礼仪训练	佟景渝	978-7-5135-7016-9	31

说明：使用教材的读者可登录http://vep.fltrp.com自行下载教学资源，也可与编辑联系索取（王志艳，3300217@qq.com）。欢迎一线教师加入外研社作者队伍，共同开发优质教材及配套资源。